KB235117

개정판
Job's마스터 플랜 331133
평생직업을 위한
자기혁신경영

개정판

평생직업을 위한
자기혁신경영

我盛 이한일 지음

이담 BOOKS

개정판 머리말

인간의 나이 50세가 자신의 모습을 책임지면서 인생의 향방에 있어 모든 것을 정하며 여생을 아름답게 설계하는 최대의 전환점이라는 생각은 본 도서가 출간된 지 3년이 훌쩍 넘은 이 시점에서 돌이켜 보아도 진리임을 부인할 수 없다. 그런데 이러한 현실에서 하나의 큰 변화가 있음을 실감 나게 한 자그마한 사건(?)이 있었다.

그것은 바로 필자가 서울의 모 대학에서 강의를 할 때의 일이다. 학기가 끝나는 시점에 "강의평가가 좋아서 강의를 부탁드리고 싶은데 50세가 넘어 불가합니다."라는 통보를 받고 의아해한 적이 있었다. 그런데 하나 이상한 점은 그 학교의 교직원 상당수가 50세가 넘은 중년이라는 사실이다. 참으로 아이러니하지만서도 이게 세상의 이치인가 보다.

2011년 3월 인간의 무력함과 세상을 창조하신 신의 역사인지 알 수 없지만, 세계 경제대국인 일본에서 늘 우려해왔던 동일본 대지진과 쓰나미로 인하여 약 20,000여 명의 사상자가 발생한 큰 사건이 일어났다. 전범자인 일본이 일으켰던 제2차 세계대전 이후 최대 사상자가 발생하였으며 많은 희생자 역시 힘없는 노인들이었던 것으로 나타났다. 각종 매체는 최대 피해지역인 미야기(宮城) 현 나토리(名取) 시 해변마을의 상황을 전하면서 "생존자 구조 작업이 사망자 수습 작업으로 바뀌고 있는 가운데, 마을에서 발견된 시신 대부분은 쓰나미보다 빨리 뛸 수 없었던 노인들이었다."라고 보도했다.

이러한 현상은 세계적인 추세와 마찬가지로 많은 젊은이들이 오래전부터 직장을 구하기 위해 대도시로 빠져나갔고, 동일본 대지진의 피해는 어촌에 남아 있던 노인들의 몫이 되었다. 또한 각종 매체에서는 "지진 피해자인 노인들은 방사선 위험에도 노출돼 있다."라며 "이들 노인 세대가 겪었던 비슷한 고통은 제2차 세계대전뿐이었다."라고 재앙의 참혹성을 표현하고 있다.

일본은 세계 최대의 장수국가이다. 특히 노인 인구는 2010년 현재 23%로 세계 최고임을 과시하고 있다. 그러나 이러한 재난 앞에서는 65년 이상 살아온 평생직업과 자기경영은 죽음과 함께 흔적 없이 지워지는 것이다.

다시 국내로 눈을 돌려 보자. 2011년 3월 현재 청년실업자가 140만 명에 육박하고 있으며 특히 청년실업은 2011년 1월 현재 8.5%로 전체 실업률 3.8%의 2배가 넘는다. 사회적인 큰 문제로 국가적 차원에서 해법을 찾아야 할 상황이다. 이러한 현상은 국가 미래가 달렸을 뿐 아니라 개인적인 문제에서도 많은 금액과 시간을 투자하여 양성된 자신을 제대로 활용하지 못한다면 경쟁력 약화와 사회적 낙오만을 발생시키는 결과를 가져올 뿐이다.

『평생직업을 위한 자기경영』의 수정판을 내면서 인간의 생애를 돌아볼 수 있는 시간을 가졌다. 아무리 훌륭한 삶을 영위한 위대한 인간의 삶을 살펴보아도 100% 정확한 정답은 있어 보이지 않는다. 그러나 이 세상을 살아가는 지인들의 경험과 이론을 연령대와 직업의 단계에 맞추어 재조명해보고자 하였다. 직업을 가지고 살아갈 사회의 후배들에게, 열심히 최선을 다하고 있는 사회인들에게, 또한 남은 생을 행복하게 살기에 바쁜 선배들에게 도움이 되었으면 하는 바람은 변함이 없다. 이것이 그동안 나의 삶이고 살아갈 과정이기 때문이다.

따라서 이 책에서 논의하고 제시하는 여러 가지 단계별 필요한 사항들을 조감하여 자신이 어떠한 유형의 삶을 살아가고, 준비하고 있는지를 확인하고, 또한 자신들이 그 시기마다 해결해야 할 갈등과 고민을 자신과의 타협과 조화를 통해 하나씩 이루어갈 수 있을 것이다.

마지막으로 대한민국 격동기에 김일성대학교와 서울대학교에 다니셨고 약사로서 평생을 살아오시면서 남편과 아들 형제를 박사로 만들어 주셨으며 현재 치매와 파킨슨이라는 병마와 싸우시는 현대판 신지식인 어머님께 진솔한 고마움과 죄송함을 느낀다. 또한 이러한 자그마한 능력을 갖게 해주신 세상의 창조자 하나님께 다시 한 번 변함없는 감사를 드린다.

2011년 3월 일본 대지진참사를 실감하며

我盛 이한일

머리말

50세의 나이. 내 인생의 향방에 있어 모든 것을 결정하게 되는 최대의 전환점에 있다고 생각된다. 현재까지 나의 삶을 되돌아봄에 있어 진정으로 내가 하고 싶은 일, 내가 잘할 수 있는 일을 해 왔는가를 돌이켜 볼 때 똑 부러지게 이루어 놓은 것이 없는 것 같다. 그리고 사실 한국인의 평균 연령을 향후 3, 4년 후 80세로 볼 때 평균 연령까지 삶을 누린다 하더라도 앞으로 어떤 일을 하며 어떤 마음가짐으로 살아갈 것인지에 대한 구체적인 삶의 목표와 방법에 대한 혼돈은 어쩔 수가 없다.

『평생직업을 위한 자기경영』은 필자에게 진지하게 책상 앞에 앉아 지금까지의 삶을 되돌아보고 앞으로의 미래에 대해 다소 체계적인 고민을 할 수 있는 좋은 계기를 제공해주었다. 진실하게 이야기하자면 이 글을 쓰기까지 10여 년이라는 시간을 경험과 꽤 신중한 생각을 정리하여 구상하였지만 정확한 정답은 있어 보이지 않는다. 그러나 이 세상을 살아가는 지인들의 경험과 이론을 직업의 단계에 맞추어 재조명해보고자 하였다. 직업을 가지고 살아갈 사회의 후배들에게, 남은 생을 행복하게 살기에 바쁜 선배들에게 도움이 되었으면 한다.

인생에 있어서 직업의 선택은 우리의 인생을 지배하는 중요한 문제이다. 사람은 일 속에서 보람을 찾고, 일을 통해서 자기를 표현한다. 직업은 우리의 생계를 유지하기 위한 경제적인 활동뿐만 아니라 인생의 의의와 가치를 부여하는 사회적인 윤리 활동이다.

Job's 마스터플랜 331133은 생을 살아가는 직업과 관련하여 기간별 구분과 행복하고 보람된 삶을 영위하기 위해 하여야 할 일을 숫자로 의미를 부여한 것이다. 이 집합된 숫자를 풀어쓰면 331(0)133(030)－3개월, 3년, 10년, 13년, 30년, 30년이나 기억의 편의성을 위해 ( )부분은 생략하였고 평생을 자기성찰의 차원에서 입신단계, 수련단계, 지존단계로 구분하였다. 출발기와 진입기를 입신단계로, 발전기와 도약기를 수련단계로, 성숙기와 행복기를 지존단계로 구성하였다.

▌출발기 3개월

사회의 첫 직업이 평생의 직업을 좌우하므로 어떤 직장이나 직업이
든 3개월간의 경험과 학습을 통한 결심이 필요하다.

▌진입기 3년

사회적으로 대접받기 위한 기초 쌓기로 경력직업인으로 인정받을
수 있는 최소 기간이며 자기 성찰의 기간이다.

▌발전기 10년

전문가가 되기 위한 수련기이며 전문가로서 경력 인정을 받을 수
있는 기간으로 사회적 자기브랜드의 밑그림을 그리는 기간이다.

▌도약기 13년

자기독립선언을 위한 준비기로 전문가로서의 관리능력을 갖추고 자
기브랜드의 기초를 완성할 시기이며 독자적인 자기 사업을 결심해
야 하는 시기이다.

▌성숙기 30년

삶의 질 향상을 위한 안정기로서 사회적 인정과 존중을 받을 수 있
게 최선을 다하는 시기이며 사회적 네트워크와 평생직업을 구축하
는 시기이다.

▌행복기 30년

행복연출을 통해 스스로의 행복과 삶의 보람을 누려야 할 시기이며
신과의 대화능력을 습득하고 후회 없는 생의 마감을 정리해야 할
시기이다.

　따라서 이 책은 나의 신념과 가치관 등의 복합적 요소에 따라 필자가 원만한 사회생활을 위해 얻어낸 지식과 경험, 특히 10년 이상의 생각과 수십 차례(?)의 강의를 통해 만들어낸 평생직업을 위한 의미 있는 인성이론서이다.

　Job's 마스터플랜 331133은 개인이 성인으로 성장 후 직업을 가지고 사회생활을 해나감에 있어 어떠한 과정을 거치면서 가야 하는지를 객관적인 입장에서 해석하고 방향을 제시하는 지침서이다. 모든 사람이 이러한 원칙과 논리에 맞는 생활을 영위하는 것은 아니지만, 사람의 삶을 일정한 패턴으로 놓고 볼 때 비슷한 원칙과 형태를 보이고 있다. 또한 이 책의 목적은 기본적인 직업관에 대한 자기성찰과 결정의 중요성, 해당 시기에 하여야 할 일을 고찰함으로써, 바람직한 自己 生을 管理할 수 있도록 하는 데 목적이 있다.

　따라서 이 책에서 논의하고 제시하고 여러 가지 단계별 필요한 사항들을 조감하여 자신이 어떠한 유형의 삶을 살아가고, 준비하고 있는지를 확인함으로써 자기 자신과 타인들을 보다 객관적이고 이성적으로 인식하는 개안(開眼)을 갖게 될 것을 확신한다. 또한 자신들이 그 시기마다 고민하고 해결해야 할 갈등들을 자신과의 타협과 조화를 통해 하나씩 이루어갈 수 있을 것이다. 또한 행복한 삶을 영위하겠다는 자신의 생산성 향상을 위해 하나하나의 학습 체험과 보람을 느끼게 될 것이다. 그리고 생을 마감하는 지존기에는 신과의 대화 능력을 갖추는 인간으로 거듭나는 삶의 수련도 필요하다.

이 책이 나오기까지 生을 같이하고 있는 아내, 딸들과 현대판 신지식인(?) 어머님께 진솔한 고마움과 이러한 자그마한 능력을 갖게 해주신 세상의 창조자 하나님께 감사를 드린다.

2007년 10월 어느 날 용문사 뜨락에서

我盛 이한일

"3"의 의미

필자는 각 단계별로 '3'과 '10'이란 기간의 숫자에 특별한 의미를 부여하고 있다. 특히 '3'의 의미를 찾기 위해 문헌과 일상생활의 활용사례 등 주변을 돌아보았다. 우리는 일상적으로 3을 많이 이용하고 있다.

그 예로서, 일상적으로 내기를 해도 '삼세번'을 해야 직성이 풀리고, 의사봉도 '3번'을 두들겨야 가결이 선포된다. 또한 경기 등의 내기 때에도 삼판양승(三判兩勝)의 조건을 달기도 한다. 3·1독립선언문에 '33인'이 등장하고, 결의대회도 '만세삼창'으로 끝난다. 서당개 3년이면 풍월을 읊는다고 하였다. 이치를 깨닫는 기간이기도 하다. 한글창제 원리도 하늘, 땅, 사람 셋을 중심으로 삼았고, 간장·고추장·된장의 '3장'은 민족음식문화의 기초를 이루고 있으며 같은 노리개를 만들어도 '이작'이나 '오작'이 아니라 '삼작' 노리개로 만든다.

또한 기업에서의 3은 신입사원으로 입사하여 회사에 적응하기 위한 교육/OJT 기간인 3개월 및 한 사람의 조직원으로서 독자적인 능력을 가지고 역할을 할 수 있는 기간 3년을 나타내기도 한다. 그리고 승진의 기회도 동일 조건에서 대부분이 3번의 기회를 부여하기도 한다.

동양사상에서 숫자 '3'은 양(陽)을 뜻하는 수 '1'과 그와 반대의 수 '2'를 더해서 완성이란 의미를 가진다고 하며, 또한 '3'이라는 숫자는 수리학상으로 모든 것의 가장 으뜸이 되는 수이다. 도덕경에서 도(道)는 1을 낳고, 1은 2를 낳고, 2는 3을 낳고, 3은 만물을 낳는다고 말하고 있다. 중국 한대(漢代) 초기에 선진의 제자백가 사상집인 회남자(淮南子)에서도 역시 3에서 만물이 생(生)한다고 보고 있고, 3은 홀수이고 중간자이기 때문에 가장 으뜸이 되며 오늘날 현대적인 시각으로 볼 때도 1과 2가 대립되는 개념의 수라면, 3은 1과 2의 대립과 갈등을 무마시키는 상징적인 숫자가 된다.

3이라는 숫자는 그래서 고대로부터 숭상되어 왔으며 가장 안정된 숫자라는 것이다. 인간의 사유와 의식을 구분하는 가장 기본적인 숫자가 3이기도 하다. 시간도 과거와 현재와 미래의 3으로 구분하고 있고 3이라는 숫자를 중요시 여기고 숭배하는 문화는 우리만이 가지고 있는 것이 아니라 전 세계적으로 3이라는 숫자를 중요시 여기고 있다.

이렇듯 우리 생활 곳곳에 3이 깃들어 있는 이유는 무엇일까? 민족의 집단적 무의식에 3이란 숫자가 깊게 각인되어 있다는 반증이 아닐까 싶다. 3은 저 혼자 쓰이는 것만은 아니다. 3이 3번 반복돼 9를 이루면서 강한 뜻을 나타내기도 하는데, 서 말, 석 되, 서 홉으로 쌀을 준비하는 마을굿에서는 3의 의미가 한결 강한 의미가 있기도 하고, 아홉수라고 하여 29살에 결혼을 피한다는 관념 속에는 이미 '삼재'라고 하는 액이 3번 반복된 마지막 해라는 계산법이 숨겨져 있다. 삼현육각, 삼정승, 육판서처럼 3과 3의 배수인 6이 결합하여 강조되기도 한다. 3은 양수(陽數)이고 길한 숫자인 탓으로 양수가 겹쳐진 삼월 삼짇날(3월 3일) 따위를 길일로 친 것도 반복의미를 나타내고 있다.

이 외에도 '3'과 관련된 것들이 여러 가지 있지만 지루하니까 한 가지만 더 알아보자. 서양에서는 아라비아 숫자로 '3'이라고 쓰지 않는데 이 숫자가 생산을 의미한다고 한다. 진솔하게 터놓고 얘기한다면 Sex를 상징하는 숫자라고 한다. 고대인들에게 Sex는 굉장히 중요하였다. 인류의 보존이자 종족 번식의 수단인 생산과 직결되기 때문이다. 봄에 씨 뿌리기 전에 젊은 부부들이 들판에 나가서 Sex를 함으로써 젊은 부부들이 가진 왕성한 생산력이 대지의 힘으로 전이(轉移)되어서 곡식을 잘 자라게 하기 위해서 한다는 풍습이 있었다고 한다. 신화에 섹스(sex)가 커다란 주제로 되어 있는 이유는 바로 생산과 밀접한 관련을 맺고 있기 때문이며 '3'이라는 숫자의 형태 자체가 바로 인간이 가진 생식기를 상징하고 있기도 하다.

'라이프 마스터플랜' 331133은 거창한 해석이 아니더라도 조상의 지혜와 인류의 지혜가 혼합된 3의 의미와 강산이 한 번 변하는 단위인 10의 의미를 단계 및 기간별로 적용하고 가이드라인을 부여함으로써 오늘날 세상을 살아나가는 데 있어 가장 중요한 수단인 직업이라는 사회생활을 기간개념으로 구분하였다.

Contents

 입신 단계

PART 1. 출발기 3개월

PART 2. 진입기 3년

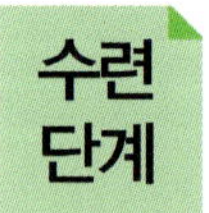 수련 단계

PART 3. 발전기 10년

PART 4. 도약기 13년

PART 5. 성숙기 30년

PART 6. 행복기 30년

"입신단계"

PART 1

출발기 3개월

사회의 첫 직업이 평생의 직업을 좌우한다

생업이나 취미생활에 필요한 학습기간이나, 중요한 의사결정
을 할 때 3개월은 어떤 의미를 갖는지를 알아보자. 이 기간은 영
리 또는 비영리조직에서 참가자들이 조직이나 일에 대해 적응할
수 있을 것인가 판단하는 최소한의 기간으로 보고 있다. 우리가
일반적으로 사회생활을 영위하기 위하여 실시하는 교육이나 연
수 또는 어떠한 이슈에 대해 의견을 나누거나 결론을 내는 데에
는 3개월이라는 기간을 가장 기본으로 하고 있으며 또한 대부분
의 회사들이 3개월간의 수습기간을 거쳐 기본소양이나 자질을
검증한 다음 직원을 채용하고 적합한 자리배치를 원칙으로 한다.

현대는 스피드와 전문가시대이다. 중견기업 및 대기업을 중
심으로 많은 회사들이 3개월을 기준으로 하는 신입사원의 교육
후 바로 실전에 투입할 수 있고 활용할 수 있는 실무형으로 커

리큘럼을 개편하여 실시하고 있다. LG그룹은 직원 교육 스타일을 기존의 지식전달형에서 실행 중심으로의 대변화를 꾀하고 있는데 신입사원 교육에서부터 승진교육까지 철저하게 강한 실행력을 강조하고 있으며, 과거 교육이 직원들에게 고기를 잡아다 주는 방식이었다면 이제는 이 기간 동안에 실제 고기 잡는 법을 가르쳐주겠다는 것이다.

특히 LG전자는 신입교육을 마치고 실무 배치 후 OJT를 통해 '보고서 작성법', '신제품 개발과정 체험' 등을 교육하고 직접 프레젠테이션을 시켜 평가하고 있으며 심지어는 신제품 개발과정에 아이디어를 제출하고 상품설계 및 시장조사 과정에까지 참여시키고 있다. 또한 젊은이들의 넘치는 끼를 회사 애사심으로 끌어내는 톡톡 튀는 프로그램도 도입하고 있으며 신입사원 교육과정 중 팀별로 댄스곡의 가사를 ○○○회사WAY, 혁신사상, 경영철학 등을 담은 내용으로 개사해 부르는 경연대회를 열어 조직에 대한 소속감과 충성심을 유도하고 있으며 때로는 신입사원들의 도전의식을 자극하는 프로그램으로 회사와 개인의 가치 극대화에 나서기도 한다. 바로 3개월이 이러한 교육 프로그램을 소화해서 자기의 것으로 만들 수 있는 기간으로 인식하고 있는 것이다. 즉, 이 기간이면 최소한의 우리 사람으로 만들 수 있다는 것이다.

또한 이 기간은 개인이 선택한 직업과 직장에 대한 이해와 자신이 원하고 하고 싶은 일인가를 판단할 수 있는 기간이기도 하다. 이 기간 동안에 지인들과의 대화 또는 상담을 통하여 본인의 선택이 옳은가를 평가받아볼 수도 있기 때문이다. 그리고 일생의 직업으로서 적합한가 하는 의문과 함께 해당 직업을 충분히 이해하고 자신의 가치관과 직업관이 어느 정도 일치하는가를 가늠해보고 판단할 수 있는 기간이기도 하다. 당신이 어떠한 직업을 가지든 간에 자신의 선택이 옳은가를 판단해야 하기 때문이다.

그러나 아무리 취업이 어렵게 되었더라도 3개월간의 고민 후 "자기의 갈 길이나 적성이 아니다."라고 생각되고 이 직장과 직업이 자기 생의 비전과 일치하지 않는다는 확신이 들면 설령 국내 최고의 선호 회사들인 삼성, LG, 현대, SK라도 과감히 박차고 뛰어나오길 권하고 싶다. "시작이 반인데 다시 반을 위한 시작을 찾자. 그리고 나의 삶의 주인공이 되자."는 결심과 함께!

새로운 출발이다

자, 출발이다. 나의 꿈을 펼치자. 20년 이상을 이 자리를 위해 달려왔다. 쉽게 나 자신을 승낙하고 이 직업에 몰입할 수는 없다. 최선의 결정을 위해 고민하자. 그리고 친구들이여, 동기들이여 정상에서 만나자!

사회의 첫출발이 일생의 직업을 좌우한다고 한다. 준비한 학력에 따라 차이는 있지만 남자 나이 25~29세, 여자 나이 22~25세면 학업을 마치고 사회의 일원으로서의 준비를 갖추고 사회적으로 충분히 제 앞가림을 할 수 있는 시기이다. 산에 올라가 세상을 보고 소리치자. "자, 이제 출발이다. 나의 세상을 만들어 보자!"

당신은 "나의 직업은 무엇으로 할 것인가?" "무엇을 하면서 세상을 살아갈 것인가?"라는 고민하게 된다. 물론 학업기간 동안 소위 말하는 전공을 학습하고 대충의 진로를 선택하거나 학업 도중 진로를 바꾼 사람들도 있지만 솔직히 이런 물음에 대해 시원하게 답할 자신이 없을 것이다. 그러나 평소 고민하고 준비해온 것들은 있지 않은가. 이 보따리를 풀자. 그리고 펼쳐놓자.

사회구성원으로서의 개인들은 한편으로는 자기 사회의 역사와 구조에 의해 주어진 삶의 조건 속에서 살아가며, 다른 한편으로는 주체적 행위자로서 사회 형성과 변화 과정에 능동적으로 참여한다. 이 두 측면을 하나로 종합하여 이해할 수 있기 위해 필요한 이론적·개념적 도구들을 학습하고, 다시 그것을 동원하여 개인과 사회를 통찰할 수 있는 능력을 키워 조직의 일원이 되는 것이 주된 목표가 되기도 한다.

사회현상에 대한 심층적 이해의 능력은 복합적인 사회관계의 망 속에서 필수적으로 요청되는 상호작용 능력의 신장을 가능하게 한다. 상호작용에서 상대방의 사고와 행위를 예측할 수 있는 능력, 그에 따라 자신의 사고와 대응 행위를 조절할 수 있는 능력, 집단적 규범의 의미와 효과를 이해할 수 있는 능력, 사회제도가 부여하는 행위규제와 행위유도의 효과를 이해하는 능력, 사회과정의 효과가 축적되는 가운데 진행되는 사회·제도·구조의 변화방향에 대한 예측능력 등이 그것이다.

이러한 능력의 학습과 신장을 통해 직업을 가진 사회생활의 출발 선상에서 사회생활에 대한 적응력을 높이고 나아가 적극적이고 능동적으로 사회생활에 참여하고 환경조건을 바꾸어 나가는 사회학적 인성을 함양할 수 있어야 한다. 따라서 무엇 하나 완벽한 내 것으로 만들지 못하고, 진정으로 내가 좋아하는 것을 찾지 못하고 남들이 하니까 쫓아가는 그런 수동적인 준비를 해왔던 지난 세월을 반성하고 새로운 결심을 통해 자기 자신의 길을 걸을 준비를 해야 한다.

자! 이제 당신에게 당신이 선택한 직업은 어떤 의미를 갖는지를 스스로 물어보며 다음의 항목들을 직업을 가진 직장인으로서 자문해보자.

- 당신의 직업은 무엇인가 스스로 정의를 내릴 수 있습니까?
- 직장은 어떤 곳이라고 생각합니까?
- 본인이 하고 싶은 일은 무엇이며, 할 수 있는 일은 무엇입니까?
- 회사 선택 시 중요하게 생각하는 것은 무엇입니까?
- 신입사원으로서의 마음가짐은 무엇이라고 생각합니까?
- 비즈니스 사회에서 가장 중요한 것은 무엇이라고 생각합니까?
- 학생과 사회인의 차이점은 무엇이라고 생각합니까?
- 일과 개인 생활 중 어느 쪽을 중시합니까?
- 출근 시간은 어떤 의미를 갖는다고 생각합니까?
- 이 직업이 당신의 꿈을 실현시킬 수 있습니까?

이러한 의문들에 대해 긍정적이고 진지하게 생각해보아야 한다. 그리고 자신의 소신 있는 의견들을 정리해보자. 그리고 회사의 조직문화를 둘러보자. 독창적인 행동 이전에 순응해야 할 규칙과 규범을 찾아보자. 이 사회는 혼자가 아니라 남과 더불어 살아가는 생명체이기 때문이다. 스스로에게 던진 이러한 질문 사항들을 잘 정리하고 주변과의 융화를 통해 자신의 것으로 받아들일 때 비로소 직장과 직업을 자기의 것으로 만들 수 있다.

직업 적성과 유망직종을 판단하라

세상은 넓고 직업은 창조되는 것이다. 그러나 한꺼번에 다수의 직업을 가진 만능인은 될 수가 없다. 그것이 당신의 한계이자 인간의 한계이다. 10년 후 그리고 20년 후에 당신이 선택한 직업의 주인공이 되기를 꿈꾸자!

당신은 초등학교, 중학교, 고등학교를 다니면서 자의든 타의든 적성검사를 해본 기억이 있을 것이다. 출발하는 시점에 서 있는 당신은 옛일을 생각해볼 때 입가에 미소를 지을 수도 있을 것이다. 적성검사의 결과가 본인의 희망사항과 전혀 달랐을 수도 있고 전혀 엉뚱한 자기계발의 길을 걸어 왔을 수도 있다. 사람은 누구나 일생의 과정에서 무수한 진로에 대한 의사결정을 해야 한다. 중학교에서는 일반적인 직업의 적성을 검사하고, 고등학교에서는 고등학교 1학년 때 문과와 이과 중에서 결정해야 하고, 고3 때는 대학과 전공학과의 선택, 그리고 졸업 후는 직업의 선택과 결혼 배우자의 선택 등 무수한 선택을 해야 한다.

직업의 적성 및 진로 탐색 과정은 나에게 가장 적절하다고 생각되는 어떠한 생활방식(life style)을 찾는 것이 가장 큰 목적이라고 할 수 있다. 이러한 무수한 진로선택을 해야 하지만 무엇보다도 이러한 선택은 우리 인생을 만족스럽게 살아가야 하는 것이고 평생에 걸쳐 즐겁고 행복하게 일하고 생활하는, 그래서 인생 전체를 만족스럽게 살았다고 할 수 있도록 해야 한다. 즉, 인생을 어떤 방식으로 살 것인가 하는 인생의 생활방식(life style)으로서의 선택이 가장 중요하다.

최근에 발표된 자료를 보면 직장인 10명 중 6명은 자신의 직업이 적성에 맞지 않는다고 생각하는 것으로 나타났다. 인터넷 채용정보 사이트인 다음취업센터가 최근 직장인 2,324명을 대상으로 '현재의 직업이 자신의 적성에 맞는다고 생각하느냐?'고 물어본 결과, 전체의 64.3%가 '맞지 않는다'고 답했다. 직종별로는 사무직 종사자는 74.5%가 '적성에 맞지 않는다'고 밝혀 52.9%가 '적성에 맞다'고 응답한 전문직 종사자보다 직업 만족도가 크게 낮았으며 이공계 정보기술(IT)직의 경우 직업만족도(50.64%)와 불만족도(49.3%)가 엇비슷했다. 직업 불만족도는 이밖에 기능·서비스직 69.8%, 자영업 69.1%, 공무원·교사직 54.4% 순으로 나타났다.

상기와 같은 현상을 보더라도 어떤 직업이나 업무에 적응하여 그것을 담당하는 데에 필요한 자질과 능력, 적성에 맞으면 그 업무에 대한 이해가 빨라서 쉽게 익히고 성과도 좋으며, 즐겁고 만족스럽게 업무에 열중할 수 있으리라고 기대할 수 있다. 반면, 적성에 맞지 않는 경우에는 그 반대가 된다. 예를 들어 운전적성검사는 현재 자동차운전의 가능 여부가 아니라, 지금부터 운전기술을 쉽게 습득할 수 있느냐의 여부를 시험하는 것이다. 직업적성은 주로 직업적 활동으로 나타나는 어떤 사회적 가치로 기술·기능·지식·역할 등을 수행하거나 획득할 수 있는 가능성을 따지는 개념이다.

이것은 넓게는 흥미·성격·가치관 등 비능력적인 특성까지 포함시킨 개성 전체의 표출도 참작하여 장래의 가능성이나 예견성을 중시하는 개념이기도 하다. 따라서 직업적성은 크게 2가지의 입장에서 생각할 수 있다. 하나는 직업지도 및 진로지도로서 개인에게 중점을 두고 그 사람의 장래 가능성 또는 적합한 직업이나 진로를 찾고자 하는 경우이고, 다른 하나는 채용 및 선발로서 직업이나 직무에 중점을 두고 개인의 적성여부를 판단하려고 하는 경우이다.

따라서 출발을 준비하는 과정에서 사회생활에 발을 내딛는 신입사원들은 구직준비 시기에 자신의 전공이나 적성에 맞는 아르바이트와 인턴훈련 등을 받으면서 다양한 경험을 쌓는 것이 좋다. 이렇게 하는 것이 생의 Loss를 최소화하는 방법이기도 하다.

원하고 또한 하고 싶은 일인가 평가하라

사람은 누구나 살아가기 위하여 정신적인 활동이나 육체적인 활동을 하고 있다. 이러한 활동은 생활에 필요한 수입을 얻기 위한 경우가 대부분이지만 수입과 관계없이 다른 사람을 위하여 가치 있는 활동을 하는 경우도 있다. 가령 주부가 하는 활동 같은 것은 수입을 목적으로 하는 것은 아니다. 우리는 일반적으로 이러한 인간의 활동을 일이라고 한다. 그리고 생계를 위한 수입을 목적으로 이러한 일을 계속적으로 해 나갈 때 그것을 직업이라고 한다.

인생에 있어서 직업의 선택은 우리의 인생을 지배하는 중요한 문제이다. 사람은 일 속에서 보람을 찾고, 일을 통해서 자기를 표현한다. 직업은 우리의 생계를 유지하기 위한 경제적인 활동뿐만 아니라 인생의 의의와 가치를 부여하는 사회적인 윤리 활동이다.

이 세상에서 가장 행복한 사람은 건강한 몸으로 일을 하고, 일에서 보람을 찾는 사람이다. 열심히 일을 할 때, 헛된 잡념이나 망상이 생기지 않는다. 일심불란(一心不亂)한 마음으로 일에 전심전력할 때, 정신은 성장하고 성격은 건전해진다. 일을 다 마치고 나면 성취의 기쁨이 솟고 나의 수고와 노력으로 내 회사나 공장이 번영하고 사회의 한구석이 발전한다고 생각할 때 인간으로서 태어난 의의를 발견할 수 있는 것이다. 또한 인간은 일을 하기 위해서 태어났다. 지금을 충실히 살아간다면 미래는 희망적일 것이다. 이러한 직업관을 토대로 직업에 대해 자기의 사상과 기대를 가져야 할 것이다.

새로운 삶의 시작이자 사회생활의 시작인 직업의 시작 3개월은 특별한 의미를 갖지 않을까? 이 기간은 기업의 문화는 어떠한지, 직장과 조직의 역할은 무엇인지 등의 바람직한 직장관 확립을 위한 학습기간으로서 현재 신규직원으로서의 새로운 직무를 토대로 성공직장인으로 성장하고 있는지를 알 수 있는 직장인으로서의 기본적인 마음가짐을 학습해야 한다. 또한 동료관계, 상하관계의 틀 속에서 중요한 것은 무엇인지를 알고 어떻게 해야 하는지를 간접적으로 체험하는 것이 중요하다. 이것은 자신의 몫이기 때문이다.

성격유형 발달이론에 의하면 융(Jung)은 성격의 완성을 완전성에다 두지 않고 원만성에 두었다. 즉, 주 기능과 그 반대 기능들을 두루 발달시켜 나가는 과정에서 균형과 분화를 성취하는 것이 성격유형 발달의 과업이며 인격의 완성으로 보았다. 이 과업은 일생을 통하여 끊임없이 역동적으로 계속되어야 한다고 보았다.

직업선택에서 작용하는 중요한 동기 중의 하나는 경향성, 즉 선호의 방향인데, 심리적 선호란 더 지속적이고 일관성 있게 활용하는 것이고, 선택적으로 더 많이 쓰는 것이며, 더 좋아하는 것, 상대적으로 편하고 쉬운 것, 상대적으로 더 쉽게 끌리는 것을 말한다. 그러므로 직업 선택 시 자신이 선호하는 기능과 태도를 사용하여 흥미를 만족시킬 수 있고 심리적인 에너지를 덜 사용하는 쪽으로 선택하게 된다. 자신의 경향성과 다른 직업을 수행할 수도 있지만, 자신이 선호하는 경향성에 맞는 직업을 선택했을 경우보다 심리적 에너지가 더 쓰이며, 최대한의 노력을 하는데도 불구하고 수행의 결과가 질적으로 떨어질 수 있다.

남보다 잘할 수 있을 것인가

현대사회는 경쟁의 전쟁터이다. 동일 직업, 동일 직무를 수행하는 사람이
셀 수 없이 많다. 따라서 남보다 잘할 수 있어야 한다. 실력자가 되자. 열정
을 다 바치자. 결과는 남이 인정하고 하늘이 가져다 줄 것이다.

직업이란 경제적 소득을 얻거나 사회적 가치를 이루기 위하
여 참여하는 계속적인 활동으로 정의할 수 있다.

직업은 여러 가지 측면에서 의의를 가질 수 있는데 경제적 측
면에서 보면 인간이 경제적으로 안정된 삶을 영위하는 중요한
수단이 된다. 사람은 직업을 가짐으로써 그에 상응하는 보수를
받기 때문이다.

사회적 측면에서 보면 인간은 자기의 삶을 영위하기 위해서
많은 사람과 협력하여야 하는 사회적 존재이다. 직업을 가짐으
로써 사회구성원이 되고, 기능을 서로 분담하면서 사회 발전을
위하여 봉사하게 되는 것이다.

심리적 측면에서 보면 인간은 직업 생활을 통하여 자신의 능
력을 발휘하고 흥미 있는 일 등의 활동을 함으로써 자기계발을

하여 자신의 꿈과 이상을 실현하며 일에 대한 즐거움을 느끼고 심리적 보상을 받는다. 또한 직업은 자기의 인생에서 자아실현을 위한 매개체가 되기도 한다.

피터 드러커(Peter Draker)는 그의 저서 『21세기 지식경영』에서 "자신이 가진 장점을 극대화하는 것이야말로 21세기식 생존방식이다."라고 표현한 바 있다. 가장 잘할 수 있는 일을 먼저 하라는 말도 있다. 우리처럼 평범한 사람들도 의지와 신념을 갖고 자신의 적성을 살려서 노력한다면 어떤 일에서나 어느 정도 성공을 거둘 수 있다는 것이 많은 성공한 사람들의 답변이다. 그러나 이러한 결심과 행동은 직업을 가진 많은 사람들이 두세 번의 실패 후 갖는 것이 대부분이다. 따라서 시행착오를 최소화할 수 있는 방법은 출발시점에서 남들보다 잘할 수 있는 것을 찾는 것이다.

남보다 잘할 수 있느냐는 판단은 개인의 적성, 재능, 열정, 기회포착의 네 가지 요소가 접목되어야 가능한 것이다. 당신은 어린 시절 대중 앞에서 재롱을 떨고 칭찬을 받던 그런 시절의 감상은 버려야 한다. 사회생활을 출발하는 시점에서 당신은 냉정하고 솔직해져야 한다. 과연 내가 남보다 잘할 수 있는 것은 무엇일까를 생각하고 또 되새겨 보아야 한다. 그리고 끊임없는 자기 노력이 어우러져야만 결과로서 나타낼 수 있다.

어느 책에서 빈손으로 시작해서 백만장자가 된 17명의 보통 사람들의 실제 성공이야기를 다루고 있는 것을 읽은 적이 있는데, 사람들이 어떻게 해서 부자가 되었는지, 그 경험담을 솔직하게 그리고 구체적으로 들려주고 있다. 그들은 끊임없이 잘할 수 있는 일을 찾아 노력하였고 그래서 성공한 것이다.

굉장한 성공신화를 다루고 있지는 않지만, 한 가지만은 확실하다. 재산을 모으는 것은 마술사 데이비드 카퍼필드가 보여주듯 결코 신비한 마술이 아니라는 것이다. 또한 부자가 되는 것은 나이가 몇인지, 어떤 언어를 사용하는지, 어떤 지식을 갖고 있는지 하는 것과는 전혀 상관이 없다는 사실도 보여 준다.

우리가 생각하는 백만장자들도 알고 보면 특별한 사람들이 아니었다. 그들은 대부분 빈곤에 허덕이거나 근근이 생활하다가 혼자 힘으로 역경을 헤치고 자수성가한 사람들이었고 돈만을 위해 일하지 않았다. 시련을 기회로 만들고 목표를 위해 열심히 일하다 보니 자연히 돈은 그냥 따랐다고 그들은 한결같이 말한다. 그들 대다수가 '보통사람들'이기에 그들의 이야기는 더욱 드라마틱하고 흥미로울 수밖에 없다.

일생의 직업으로 가져가는 데 필요한 시작인가

현대는 평생직업의 시대이다. 평생직업을 위한 제대로 된 시작을 하자. '시작이 반이다'는 세상의 진리를 이해하자. 시작에서의 올바른 선택은 평생의 삶을 좌우할 수 있다. 그리고 후회를 최소화할 수 있다.

평생직업은 그런대로 보장이 되는 자격증과 관련된 직업이 많다. 의사나 변호사, 판사나 검사 퇴직 후 변호사, 법무사, 세무사 등이 그것이다. 그리고 자격에 관련된 개인사업도 평생직업이 될 수 있다. 건축사, 전기공사기사, 통신사, 설비기사 등이다. 공무원이나 교육관련 업종은 정년까지 보장이 되는 직업이므로 오랫동안 경제생활을 누릴 수 있는 직업이다. 기타 판매업이나 중개업도 본인만 잘하면 오랫동안 할 수 있는 일이 된다.

평생직업이란 "본인이 원하는 기간, 직업을 가질 수 있는 능력을 자신이 개발하여 자신의 급여수준에 걸맞은 가치를 지니는 것"을 뜻한다. 이처럼 노동계약의 개념이 평생직장에서 평생직업의 개념으로 전환되는 경우, 기업과 종업원의 입장 모두에서 여러 가지 변화가 필요할 것이다. 특히 사회생활을 출발하는 당신의 입장에서 냉철하게 생각하고 당신이 평생의 행복한 삶을 추구하는 시작 시점에서 다음 2가지 사항이 깊이 고려되어야 한다.

첫째, 현대 기업의 인사관리가 아직까지도 사원들의 일방적 충성심이나 희생에 초점을 두고 있다는 점이다. 회사에 이익을 가져다 줄 맞춤형 인재를 육성하고자 하는 것이다. 그러나 이제는 기업들도 사원들에게 입사 때부터 자기계발의 기회를 줄 수 있는 도전적이고 흥미 있는 직무설계로 전환되어야 한다. 이미 우리의 젊은이들이 안정된 직장보다는 자기계발의 기회가 주어지는 직업을 선호하고, 이를 찾아 이동하는 모습을 많이 볼 수 있다. 특히 과거와는 달리 월급이 많고 적음보다는 새롭고 발전 전망이 있는 직업으로 과감히 옮기는 젊은이들을 많이 볼 수 있는데 이들의 목표는 결국 묵시적으로 평생직장보다는 평생직업의 개념을 추구하고 있는 것이다.

둘째, 당신의 입장에서는 자기가 종사하는 직업에 대한 자신들의 능력과 급여수준을 스스로 평가하여 변화하는 상황에 대비할 수 있는 능력을 길러야 한다. 시작의 단계에서는 어려운 이야기일 수 있다. 그러나 평생직업을 갖기 위하여 자신의 능력과 경력을 계속적으로 개발하기 위한 계획을 수립하고 실행하는 것이 가장 중요한 일이 될 것이다. 따라서 지금의 직업이 평생을 위한 의미 있는 시작인가를 따져 보아야 한다.

우리 경제에서 현재의 기업 내·외적인 환경의 변화가 이처럼 계속되면 평생직장의 개념은 빠른 속도로 쇠퇴할 것이며, 취업난이나 실업의 문제도 갈수록 심각해질 것으로 보인다. 이 경우 직업의 개념은 자연히 평생직장보다는 평생 동안 직업을 갖겠다는 평생직업의 개념으로 전환되어야 하겠다. 이런 전환은 경제활동 전반에서 기업이나 개인 모두에게 새로운 패러다임을 요구하고 있으며 이에 시기 적절히 적응하기 위해서는 부단한 노력을 다하는 것만이 경쟁에서 살아남고 더 나아가 발전할 수 있는 유일한 길이다.

이러한 사회적 현상이 나의 경우가 되는 것은 피할 수 없는 입장이다. 그러나 사회의 출발을, 첫 직업의 출발을 평생직업이라는 전제로 심사숙고한다면 여러 번 일어날 수 있는 시행착오를 최소화시킬 수 있을 것이다. 다시 한 번 이 직업이 평생직업으로서의 시작으로 최적인가를 생각해보자. 그리고 결심하자.

지인들과의 대화는 충분히 나누었는가

나를 가장 잘 아는 사람은 나의 주변 사람들과 직업에 관련된 전문가들이다. 그리고 그 직업에 종사하고 있거나 하였던 경험자를 꼭 만나 보라. 바로 그들이 나의 스승이다. 그들에게서 가르침을 받자, 그리고 생의 설계를 만들어야 한다.

선배, 동료, 부모님, 스승 등 지인들로부터의 조언은 당신의 현재 성과뿐만 아니라 장래 및 미래의 모습 등 더 넓은 조망을 가지고 있다. 특히 사회생활을 시작하고 이 직업에 종사하고자 하는 당신에게는 절대적인 것이다. 예를 들어 당신은 자신이 조직에서 필요한 지식을 넓히고 정책적인 현실을 더 많이 인식하고, 자신의 상호 관련 기능의 가치를 증대하기 위해 관련분야를 학습하고 적절한 발전 기회를 파악하고, 인간관계와 조직의 자원에 관심을 갖기 위해 조언자에게 도움을 요청할 수 있고 도움을 받을 수 있다.

당신은 앞으로 10년 동안에 걸친 직업세계의 변화를 혼자서 생각해 내기는 어려울 것이다. 심지어 사전에 전략적인 시뮬레이션을 해보았더라도 우리들 대다수는 올바른 진로를 정하기 위한 조언이 필요한 것이다. 따라서 직장 내 선임자나 교육담당자, 경력조언자, 직업상담사 등을 통해 알아보는 것이 바람직하다. 그러나 한국의 경우 직업상담사의 역할과 신뢰성이 정착되지 않아 효용성에서는 확신할 수 없으나 각 전문가들로부터 그들의 특성에 따른 도움을 받을 수는 있을 것이다.

첫째는 직장 내 선임자나 교육 담당자들이다. 이들의 조언은 관련 직업의 장래성과 직무의 예상 성과에 대한 초점과 직장생활에 대한 더 넓은 조망을 가지고 있다. 예를 들어 당신은 자신이 직업과 조직에서 필요한 지식을 알고 직업의 장래성 등 현실을 더 많이 인식하고, 자신의 상호 관련 기능의 가치를 증대하기 위해 다른 기능을 학습하고 적절한 발전 기회를 파악하고, 바로 그 직업을 자기의 것으로 만들 수 있다면 현재 당신과 가장 근접해 있는 조언자의 도움을 요청할 수 있다. 또한 조언관계는 자신을 선임자나 교육 또는 인사 담당자에게 알릴 수 있는 기회로 활용될 수 있지만 마찬가지로 조언자도 자신과 조직 발전의 역할도 하게 하는 것이다.

둘째는 경력조언자이다. 대개의 경우 경력조언자는 직업에 영향을 미치는 회사의 특별한 문제점과 관련 업무의 특성을 잘 알고 있는 그 회사의 직원이나 그 직업에 종사하였던 선배들이다. 경력조언자를 통한 일차적 조언이 직업과 직무의 내부 정보

또는 이해를 촉진하기 위한 것일 때에는 회사 경력직원이 좋은 대안이 될 수 있기 때문이다.

또한 그 직업에 종사하여 성공하였거나 실패한 경력조언자의 도움을 받을 때는 좀 더 진지해야 한다. 바로 그들이 당신에게 핵심적인 답을 줄 수도 있다. 그리고 자신에게 필요한 조언의 내용을 이해하고 알아야 하며 충고자나 조언자의 역할과 자신의 이해와 결심 기댓값을 파악해야 한다.

셋째는 직업상담사이다. 만약 당신이 직장 내 선임자, 교육담당자, 경력조언자가 없거나 도움이 되지 않거나 판단을 내릴 수 없다면 당신은 외부의 직업상담사가 필요하다. 최근 국가기관에서 직업의 활성화를 위해 만든 직종이지만 아직은 초보단계이기도 하다. 이러한 사람들이 자신의 경력을 전략적으로 관리하는 사람들에게 필요한 존재로 차츰 인식되고 있다. 앞으로 유능한 사람을 구하기가 점차 어려워질 것으로 예상된다. 회사는 기존 직원들이 조직에 머물 수 있도록 그들의 가치를 높이는 데 도움을 주는 서비스를 제공하여야 할 것이다. 따라서 이러한 직업상담사들이 개인과 조직 모두의 이익을 위해 승진한 직원이 새로운 업무에 적응할 수 있도록 지원하는 역할을 맡기도 한다.

넷째는 직업과 직무에 관련한 토론이다. 이러한 토론은 당신의 경력개발에 대해 다른 사람과 대화할 수 있는 기회이다. 바람직한 방법은 조직 내 선임자, 교육담당자, 경력관리자 또는 직업상담사, 특히 같이 고민하고 있는 동료들과의 토론과 조언은 더욱 의미 있는 것이 된다. 그리고 자신과의 대화에 충실하라. 결정은 당신의 몫이기 때문이다.

당신의 직업이나 직무의 목표를 전달하거나 이들 목표를 명확히 해주는 멘토나 업무적 지원을 받을 수 있도록 준비하자. 직업의 역사는 순환과 발전이다. 남의 조언을 최대한 수용하며 그리고 자기의 것으로 반드시 만들어야 한다.

관련직업에 대한 이해는 충분히 하였는가

자기 직업에 대한 깊은 이해를 가져야 한다. 단순히 관련 직업의 겉모습만 볼 것이 아니라 직업에 대한 내용 및 현상 등 정확한 이해가 필요하다. 그래야만 인정받는 직업인이 되기 위해 무엇을 할 것인가가 명확해진다.

박찬호와 이승엽 선수가 야구를 하지 않고, 축구나 탁구를 하였다면 지금처럼 국민적 관심을 끌 수 있었을까? 시카고 불스의 마이클 조던이 농구를 하지 않고 공부를 하였다면 그와 같은 인기와 부를 누릴 수 있었을까? 노벨상 수상자들이 관련 학문에 대한 탐구와 연구를 하지 않고 다른 일을 하였다면 그와 같은 커다란 업적을 이룰 수 있었을까? 한국이 낳은 세계적인 소프라노인 조수미가 음악세계에 대한 이해가 없었다면 성악을 하지 않았을 것이다.

우리 사회에는 진로를 잘 선택하여 자신의 역량을 최대한 발휘하며 인생을 사는 사람도 있고, 능력은 뛰어나지만 진로를 잘못 선택하여 안타까운 삶을 살아가는 사람도 있다. 직업과 진로의 선택은 평생 동안 수행할 일의 내용과 환경, 만날 사람 등을 정할 뿐 아니라 개인의 행복과 성공 여부를 결정한다. 따라서 진로의 선택은 우리 인생에서 가장 중요한 선택 중의 하나이다.

그렇다면 이와 같이 나의 삶에 있어서 매우 중요한 진로 선택을 어떻게 할까? 옛말에 "지피지기(知彼知己)면 백전백승(百戰百勝)"이라는 말이 있다. 나와 상대를 알면 언제나 승리한다는 말이다. 직업의 선택도 마찬가지이다. 즉, 나를 잘 알아야 하고, 직업의 세계를 잘 알아야 하며, 이를 기초로 자신에게 적합한 직업과 진로를 올바르게 선택하면 된다.

우리가 직업을 선택할 때, 우선 필요한 것은 자기 자신에 대해서 잘 아는 것이다. 자신이 누구인지, 자신의 강점과 약점은 무엇인지, 자신의 가치관은 무엇인지, 자신의 적성과 흥미는 어떠한지, 자신을 둘러싸고 있는 가정환경 및 사회환경은 어떠한지 등에 대한 정확한 이해 없이는 올바른 진로 선택을 할 수 없다. 그러므로 자신의 적성, 학업 성취도, 흥미, 성격, 가치관, 신체적 조건, 가정환경 및 사회환경에 관하여 폭넓게 면밀히 이해해야 한다.

자기 자신을 정확하게 이해한 다음에는 자신이 종사할 직업의 세계에 대해서 이해해야 한다. 즉, 직업에 관한 폭넓은 탐색과 내가 원하거나 관심이 있는 직업에 관한 구체적이고 면밀한 조사가 필요하다. 현대와 같이 직업 세계의 변화가 급속한 때에는 자신이 원하는 직업에 대한 다양한 정보야말로 성공적인 진로 결정의 관건이라 할 수 있다.

우리나라에는 3만여 개의 직업이 존재하지만 우리들이 보통 그런대로 이해하고 알고 있는 직업은 몇십 종에 불과하다. 그나마 알고 있는 직업에 대해서도 피상적으로 알고 있으며, 그중에는 잘못 알고 있는 경우도 많다. 따라서 다양한 직업에 대해서 폭넓게 아는 것이 필요하다. 또한 이와 함께 관심이 있는 직업에 대해서는 정확하고 구체적으로 그 직업에 관하여 알아보아야 한다. 즉, 업무 내용, 근무 여건, 필요한 자격, 필요로 하는 자질, 임금·후생복지·안정성·발전성 등 직업의 특성 등에 관하여 명확하게 파악해야 한다. 이를 위해 직업에 종사하고 있는 사람과의 면담, 그 직업의 실제적인 경험, 그 직업 현장의 견학, 직업과 관련된 서적, 직업 전문가, 기타 직업 안정 및 취업 관련 기관을 이용하여 필요한 정보를 다양하게 수집할 수 있다.

자신과 직업 세계에 대한 이해를 기초로 여러분은 자신의 직업을 선택하고, 선택한 직업에 대하여 준비해야 한다. 올바른 직업 선택을 위해서는 첫째, 어떤 직업 분야에서 해당 분야에 대한 충분한 이해를 통해 자신의 능력을 최대한 발휘할 수 있는가를 고려해야 한다. 둘째, 당신이 어떤 직업 분야에서 가장 큰 만족과 행복을 느낄 수 있는가를 고려해야 한다. 사람들이 추구하는 다양한 가치를 모두 만족시켜 줄 수 있는 직업은 존재하지 않으므로 자신에게 가장 큰 만족과 행복을 줄 수 있는 직업을 선택하는 것이 중요하다.

따라서 내 자신에게 만족과 행복을 주는 요인은 무엇인지를 파악하고 그러한 요인을 충족시켜 줄 수 있는 직업을 선택하는 것이 무엇보다도 중요하다. 일과 직업 세계의 이해를 통해 다양한 직업 역할을 먼저 인식하여야 한다. 일의 세계에 관련된 제반 개념을 열거하고 사회 속의 직업 세계의 구조와 상호관계를 이해해야만 진로 목표에 적합한 계획을 수립하게 되는 것이다.

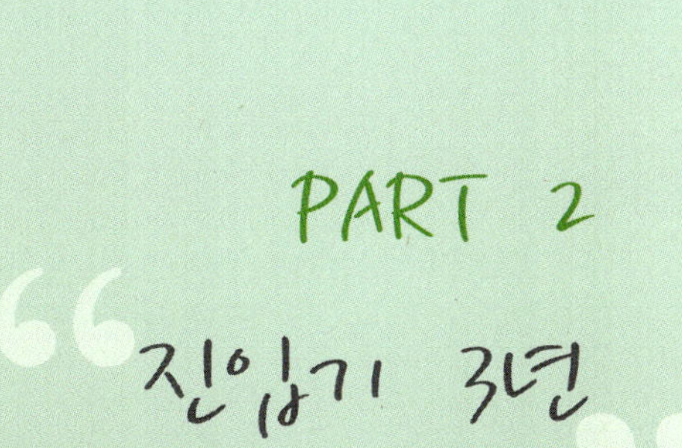

PART 2

"진입기 3년"

사회적으로 대접받기 위한 기초 쌓기

진입기 3년은 평생직업 또는 설령 직업이 바뀌더라도 초기 직업을 위한 발판 굳히기이다. 자, 이제 선택한 직업이나 직무에 대해 최선을 다하자. 그리고 자기의 것으로 만들자. 이 기간이 최소한의 경력자를 만들어 주는 것이다.

직장인들 가운데서 신입사원 즉, 입사 1년차들의 이직률이 가장 높은 편이다. 대개 직장인들이 이직을 고려하는 가장 일반적인 이유는 금전적인 문제 때문이지만 신입사원들의 경우엔 '업무 스트레스'가 가장 큰 원인일 때가 많다. 또한 입사 때의 자기 가치관이 바뀐 경우도 있다.

이 경우, 입사하기 전 갖고 있던 장밋빛 환상을 버리고 현실적인 눈으로 자신의 업무를 바라보는 일이 가장 먼저 필요하다. 새로 배우는 일인 만큼 업무 스트레스는 당연히 뒤따른다. 이 시기에 중요한 것은 자기 스스로 자신의 직업에 애착을 갖는 일인데 애착은 의욕을 부르고 의욕은 스트레스를 극복할 힘을 주기도 한다.

시간이 지나도 적응이 잘 안 된다거나 계속해서 불만이 쌓인다면 무작정 회사를 옮기거나 불현듯 그만두기도 한다. 바로 이러한 행동을 하기 전에 가장 먼저 왜 직장을 옮기려고 하는지를 생각하는 것이 필요하다. 평생직장의 개념은 사라졌다 해도 안정성의 측면에서 일정기간만큼은 현 직장에 충실한 것이 좋을 때가 많기 때문이다. 우리 속담에 '서당개 3년에 풍월을 읊는다'고 하였다. 현업에서 자연스럽게 일을 할 수 있는 수련기간이 최소한 3년이라는 이야기이다.

또 2~3년간 머물지 못할 직장이라면 아예 들어가지 않는 것이 좋다는 조언도 귀담아들어볼 필요가 있다. 3년을 충실하게 보냈다면 이제 어느 정도 자타가 공인할 만큼의 '재목'이 되어 있을 것이다. 나름대로 일의 노하우도 생기고 적당히 요령도 피울 줄 안다. 동료나 상사 등과의 인간관계도 적당히 조율하고 타협하면서 자신을 보호할 줄도 알게 된다. 다만 그때부턴 비합리적이고 비논리적이라 판단되는 주변의 상황들에 대해 불만이 쌓여간다. 본받을 만한 선배도 없는 것 같고, 더 배울 것도 없어 보이며, 왜들 저렇게밖에 못하는지 모르겠다며 자신도 모르게 불만과 후회를 가질 수 있는 시기다.

그러나 직장생활을 3년 정도 했다는 것은 그 일에 대해 어느 정도 만족하고 있다는 뜻도 포함돼 있다. 그런데도 다른 직종으로의 이직을 꿈꾼다면, 그것은 어쩌면 현재 직장에 대한 단순한 불만에서 기인한 것일 수도 있다. 그럴 경우 리스크가 많이 따르는 이직을 시도하기보다는, 스트레스를 주는 요인을 하나하나 줄여 가는 것이 좋다. 운동을 꾸준히 한다든가, 관심 분야의 강좌를 수강한다든가, 지인들과의 허심탄회한 대화를 통해 관심사를 분산시켜보는 것이 무작정 사표를 던지는 일보다 바람직할 수 있다. 물론 이직을 적극적으로 고려해볼 만한 경우도 있다.

가장 중요한 것은 이 시기는 경력관리와 전문가로서의 초기 단계임을 명시해야 한다. 초년병 시절에는 어느 정도 규모 있고 조직화된 회사에서 일을 배우는 것이 좋지만, 3년차쯤 되면 규모나 명성이 다소 떨어지더라도 내실 있고 탄탄한 회사로 이직하는 것도 괜찮다. 3년의 경력은 경력사원으로 인정받을 수 있는 기간이기도 하다. 이런 경우가 아니더라도, 직속상사가 너무 능력 있는 사람이어서 그 빛에 자신이 가릴 정도라거나, 반대로 눈을 씻고 찾아봐도 배울 점이라고는 없는 상사 밑에 있다면 이직을 고려해보기에 충분한 상황이다. 그러나 근속의 의지가 있다면 당신 자신과 조직을 위해 열심히 일하라. 그리고 10년의 경력을 만들어라. 당신은 전문가의 길에 들어설 것이다.

가치관과 직업관을 일치시켜라?

일의 성과와 행복지수는 당신의 가치관과 직업에 대한 자부심에 따라 달라질 수 있다. 자신의 삶에 가치를 부여할 수 있는 가치관과 일치하는 직업관을 갖자. 이러한 일치된 관점이 바탕이 되어야만 직업을 바로 자기의 것으로 만들 수 있다.

직업을 선택하는 것은 생활양식을 선택하는 것과 같다고 임상 심리학자인 로에(Roe)는 직업 선택의 중요성에 관해서 언급한 일이 있다. 직업이 우리의 인생행로를 좌우한다는 말이다. 우리가 선택하는 직업은 개인의 가치관과 연관이 되어 있으며, 직업이 개인의 가치관과 일치하지 않을 때 개인은 갈등을 경험하게 되고 개인적 불신은 물론, 직장·사회·국가의 손실이 되는 것이다. 그러므로 가치관은 직업의 결정과 일치되어야 하는 것이다.

심리학자인 슈발츠러(Schwarzweller)는 직업 가치관은 사회화의 과정을 통해서 학습되고 사회·문화적 요인에 의해서 결실되며 청소년까지 심하게 변하지 않으며 부모나 교사 혹은 중요한 성인에 의해서 영향을 받고 어느 정도는 유지하는 것을 알 수 있으며 동시에 다른 가치관은 사회적 지위, 성, 연령에 의해서 발달되는 것을 알 수 있다고 주장한 바 있다.

현대사회는 직업사회라고 불릴 만큼 개인은 누구나 직업을 가져야 한다. 국가나 사회는 필요한 재화나 용역의 생산을 위해서 반드시 직업활동을 보장하고 장려하여야 하며, 개인은 직업을 통하여 생계유지, 사회발전에 기여 및 자아를 실현하게 되는 것이다. 개인이나 사회가 직업에 대하여 가지고 있는 가치관이나 태도를 '직업관'이라 하며, 직업관은 특정한 개인이나 사회를 지배하는 가치체계가 직업에 직접 반영되어 나타난 것이다.

직업관을 논할 때는 개인과 사회라는 두 가지 측면에서 언급되어야 한다. 개인적 측면에서는 직업에 종사하는 각 개인이 직업을 선택하고 직무를 수행함에 있어서 어떤 의식이나 가치관을 가지고 임하는가를 의미하는 것이고, 사회적 측면에서는 역사적으로 직업에 대한 의식이나 가치관이 사회의 발달에 따라 어떻게 변천되었는가를 의미하는 것이다.

그러므로 개인 또는 사회가 어떠한 직업관을 가지고 있는가는 개인의 직업결정 및 수행뿐 아니라, 그 사회의 발전에도 커다란 영향을 미친다. 예를 들어, 건전한 직업관을 가지고 있는 개인들로 구성된 사회는 안정되고 건강하게 발전하지만, 그렇지 못할 때는 경제구조가 변질되고 파괴되어 구조적인 실업문제가 발생하게 되는 것이다. 이를테면 직업을 단지 생계유지나

권력획득의 수단으로만 생각하는 사회와 직업을 사회봉사 및 자아실현의 수단, 그리고 사회생활에 필요한 재화나 용역을 생산하는 것으로 생각하는 사회 간에는 개인들의 직업선택 성향이나 사회의 발전에 있어서 현저한 차이가 있게 된다.

현대사회는 직업사회이기 때문에 그 구성원들이 직업에 대한 올바른 생각, 즉 건전한 직업관을 가져야 사회의 건전한 발전, 유지가 가능하다. 최근의 우리 사회에서 볼 수 있는 대형사고, 부정축재, 부실공사 등의 원인이 바로 여기에 있다고 판단된다. 만약 사회의 구성원들이 직업을 경제적인 이익추구의 수단으로만 생각한다면 어떻게 되겠는가? 아마 그 사회는 온갖 불법과 탈법이 난무하여 경제적인 기본질서는 물론 인륜인 도덕적인 질서까지 문란해질 것이다. 사회구성원들의 바람직한 직업관은 사회발전의 필수적인 전제 조건이다.

당신의 가치관은 자아의 이해 속에 자아에 대한 기초적인 인식을 가지며, 자아에 대한 제 개념을 발전시키는 것이다. 그리고 자아개념의 명료화를 통하여 긍정적인 자아 개념을 갖게 되는 것이다. 이러한 가치관은 일과 직업 세계의 이해와 다양한 직업역할을 시키고 일의 세계에 관련된 제 개념을 이해시키며 사회 속의 직업 세계의 구조와 상호관계를 통해 진로 목표에 적합한 계획을 수립하게 한다. 또한 가치관의 형성은 일에 대한 긍정적

태도 및 가치관, 일과 직업에 대한 존경심을 갖게 하고 자기가치를 발전시킨다. 그러므로 가치 있고 지속적인 사회 제도로서 일을 이해하고 일에 대한 가치를 갖게 하는 것이다.

사회가 다양한 것처럼 개인의 가치관에 따라 개인이 선택하는 직업과 진로도 다양화되어야 한다. 그러기 위해서는 각자가 건전한 직업관을 가지고 자신의 적성과 흥미, 성격 그리고 가치관 등에 알맞은 직업을 선택해야 한다. 이것이 직업을 평생 동안 끌고 가기 위해 절대 필요한 사전작업이다.

종사 분야 전문가로서의 열정은 가졌는가

직업에서 전문가로서의 열정을 가져라. 그리고 그 분야의 최고를 꿈꾸라. 시작하라. 그리고 과정과 결과에 충실하라. 이러한 과정이 당신을 전문가로 만들어 주는 지름길이다. 그러면 미래는 보장되는 것이다.

21세기를 맞이하여 20세기에 비해 새로운 직업이 계속 출현하고 있다. 따라서 사회가 복잡해질수록 전문성이 더욱 요구된다. 넓고 얕은 지식보다는 특정분야의 깊은 지식을 갖는 것이 중요하다. 아울러 직업의 전문성을 기르기 위해서는 조기에 직업의 진로결정이 필요하다. 따라서 3년의 진입기 동안 당신의 자질을 조기발견하고 육성시켜줌으로써 전문성을 확보하기 위한 전문교육이 선행되어야 할 것이고 사회생활을 본격적으로 시작하는 당신은 여러 정보를 통해 당신이 선택한 적당한 프로그램을 이용하여 몰입해야 한다.

사회에서의 직업을 가지고 시작하는 단계이다. 본인이 3개월의 고뇌를 거쳐 본인의 직업을 결심했다면 열정을 갖자. 그리고 탐구하자! 그리고 최소한 3년이라는 최선의 노력하는 기간을 갖

자. 당신은 직업에 대한 열정을 이미 가졌다. 전문가가 되겠다는 결심과 행동이 필요하다. 그리고 이를 위한 다음의 7가지를 마음에 새겨두어야 한다.

첫째는 너 자신을 알라는 것이다. 자기분석을 통해 강약점을 파악하라. 당신의 열매는 떡잎부터 당신이 싹을 피워야 하고 가꾸어야 하고 지속적으로 비료를 주어야 한다. 스스로의 상태를 정확히 알아야 한다.

둘째는 관련 산업 및 경쟁자를 알아야 한다. 관련 산업의 분석과 정보 및 시장분석을 통해 직업의 성격과 핵심 능력을 파악하라. 그래야 시작단계에서 최소한의 전문가로서의 기본지식과 경쟁력을 갖추는 것이다.

셋째는 관련 전문 서적과 보조서적 36권을 독파하는 것이다. 이것은 1달에 1권의 책을 숙독할 것을 권한다. 업무향상과 인성개발을 위한 관련 서적을 읽어라. 그리고 내용이 파악되었는지 스스로 요약해보고 배울 점을 찾아야 한다.

넷째는 1만 페이지 이상의 자료 수집을 하는 것이다. 이것은 단지 참조 수집의 양일 뿐 부족하다고 느낀다면 더 이상의 자료도 필요하다. 그리고 이것을 이 시대의 정보 보고인 인터넷 등의 소스를 통해 관련 정보와 자료를 수집하라. 가장 훌륭한 정보를 찾을 줄 아는 능력을 길러야 한다.

다섯째는 성공을 이끌어 주는 멘토를 만들고 진정한 전문가에게 사사받는 것이다. 관련단체나 전문가 집단의 커뮤니티 활동을 통해 관련자와 만나 의문점을 던져라. 그리고 답을 통해 그것을 자기 것으로 만들어라.

여섯째는 인터넷이나 오프라인(off-line) 커뮤니티의 참여가 필요하다. 현대는 지식과 네트워크 구축을 위한 인포멀시대이다. 따라서 회원으로 우선 등록하고 열의를 가지고 참여하라. 그리고 수집한 정보와 자료를 자기의 것으로 만들고, 본인의 정보도 제공하라. 이것이 상생의 원리이기도 하다.

일곱째 전문가들의 글이나 발행된 보고서에 관심을 가지고 관련 내용을 정독하며 그들의 강의를 듣고 의미를 명심하라. 이를 위한 기본적인 시간의 투자가 필요하다. 먼저 전문가 관련한 서적 또는 후원회의 회원이 되라. 그리고 이를 위한 모임이 있으면 서로를 위한 명함을 교환하라. 또한 공신력 있는 언론을 통한 전문가들의 글과 강의를 들어라. 전문가의 강의는 십수 년 이상을 경험해 온 본인들의 경험과 지식의 함축서이며 진술서이다. 그 말에는 나름대로의 의미와 법칙(rule)이 있다. 이것을 독파하는 능력을 기르는 것이 중요하다.

사회적 가치를 창출할 수 있는가를 고려하라

인간은 사회적 동물이다. 그러므로 사회를 위해 기여할 수 있는 가치 있는 일을 해야 한다. 건전한 가치관을 키워서 개인적으로는 만족감을 얻고 사회적으로는 책임 있는 선택과 자기결정을 향상시킬 수 있도록 노력해야 한다.

가치란 한 인간이 무엇을 믿고 지지하며, 중요하게 생각하느냐에 있어서 그 '무엇'에 해당하는 것이다. 이는 그 사람의 행동양식과 사고, 삶의 방향과 결정 및 선택에 있어서 중요한 준거로 작용하게 된다. 그럼에도 불구하고 우리는 자신의 가치관에 대하여 구체적으로 생각해보지 않았기 때문에 어떤 것에 가장 큰 가치를 두고 있는지 분명한 의식 없이 살아가고 있다.

가치는 사람들에 따라 매우 다양하며 어떤 사람을 이해하는 데 있어서 중요한 요소가 되기도 한다. 어떤 사람은 현재를 중요시하고 또 어떤 사람은 미래를 중요시한다. 사회적 명예나 부를 중요시하는 사람이 있는가 하면 정신적인 가치를 중요시하는 사람도 있다. 이와 같은 가치관은 각자의 미래를 결정하는 데 중요한 작용을 하기 때문에 건전한 가치관을 키워서 개인적으로는 만족감을 얻고 사회적으로는 책임 있는 선택과 자기결정을 향상시킬 수 있도록 노력해야 한다.

가치를 구분하는 기준은 여러 가지가 있지만, 가장 중요한 기준의 하나는 어떤 가치가 '안에 있는가', '밖에 있는가' 하는 것이다. 안에 있는 가치를 내재적 가치 혹은 목적적 가치라고 부르고 밖에 있는 가치를 외재적 가치 혹은 수단적 가치라고 부른다. 이 두 가지는 모두 중요하다. 그러나 보다 중요한 것은 내재적 가치라고 볼 수 있다. 그것은 외재적 가치를 무시하고 내재적 가치만을 추구하는 사람은 기쁨과 보람을 얻을 수 있지만, 내재적 가치를 무시하고 외재적 가치만을 추구하는 사람은 많은 경우에 불만, 공허, 회의감을 느끼게 되기 때문이다.

당신은 가치 있는 생활과 판단을 위해서 자기가치에 대한 갈등을 느끼게 된다. 즉, 모두를 선택하고 싶은데 어떤 한 가치만을 취해야 되는 경우를 말한다. 가치갈등 상황은 문제를 일으킬 수도 있으나 가치를 더욱 정립하는 계기가 될 수도 있으며 가치갈등을 통하여 사람들은 자신의 가치를 더욱 명확하고 확고하게 할 수 있다. 중요한 것은 자신이 의미를 두는 가치에 따라 올바로 선택하려는 노력이 필요하다는 것이다.

사회적 가치는 공동의 안녕을 위한 방편으로 설정된 일시적 가치이다. 사회 환경의 변화는 사회적 가치의 변혁으로 결정(結

晶)된다. 그렇다면 사회 환경의 변화를 수행하는 주체는 누구인가? 그는 어디에서 와서 어디로 가는가? 그가 오는 곳은 현실사회였고, 그가 가는 곳도 현실사회가 아닌가? 그의 존재의미는 구체적인 개인이 아니라 사회 구성원의 동조, 찬성, 지지를 받는 정신이 아닌가? 따라서 늦었지만 지금부터라도 사회의 가치에 대한 혼란 상태에 빠져 있는 가치관 정립문제를 통해 사회적인 논의의 장으로 끌어내고 공감대 형성을 해나가는 사회문화 운동을 많은 언론, 각종단체, 사회지도층들의 활동을 참조하여 자기의 것으로 만들어가야 한다.

따라서 직업으로서의 가치 등 이러한 기본적인 것에 대한 사회적인 공감대 없이 각론만을 가지고 자기의 이익만을 얻기 위해 가치를 평가하고 자기의 것으로 만든다는 것은 사회구성원의 삶은 아닌 것 같다. 당신의 직업이 사회적 가치를 지녀야만 하는 이유이다.

전략적인 사회적 자기관리를 시작하라

전략은 어떤 일에 높은 성과를 창출하기 위한 기초공사이다. 기초공사가 건실하면 어떤 형태의 집이나 건물이라도 리포밍이 가능하지만 기초공사가 부실하면 집을 처음부터 다시 지을 수밖에 없다. 전략은 성과창출을 위한 기초공사이다.

최근 몇 년간 매스컴을 통해 유명 톱탤런트들이 마약복용 혐의로 구속된 적이 있다. 과거에도 비슷한 사건들이 여러 번 있었지만 톱탤런트의 경우 대중이 민감하게 반응하기 마련이다. 왜 그랬을까? 톱탤런트이기도 했지만 ○○○ 하면 떠오르는 이미지인 순수, 청순이라는 특유의 가치로 그가 대중의 마음을 강하게 사로잡고 있었기 때문이다. 그가 지금까지 가꾸어 왔던 긍정적 이미지가 일순간에 무너져 내려 일반 대중이 느끼는 불일치가 그만큼 컸고 충격 또한 상당했던 것이다. 그가 개인적으로 입은 경제적 손실도 엄청나다.

이렇듯 연예인이나 CEO, 정치가와 같은 공인은 이름 석 자로 그 자산 가치를 매길 수 있을 정도로 한 개인에게도 브랜드의 성격이 강하다. 일반 개인도 마찬가지이다. 어떤 사람을 인식할 때 사람들은 누구는 키가 크고, 누구는 목소리가 좋다는 단순한 물리적 특징에서부터, 누구는 업무 처리에서 믿음이 가고, 누구는 인간적이라는 특유의 이미지를 갖게 된다.

지식중심 경제에서의 성공은 자기 자신을 잘 아는 사람들에게 온다. 즉, 자신이 소유한 강점과 가치관 그리고 일을 최선으로 수행할 수 있는 방법을 스스로 아는 것이 필요하다. 나폴레옹·다빈치·모차르트 같은 역사적으로 위대한 성취자들은 젊은 시절부터 전략적인 자기관리를 통해 자기의 가치를 올릴 수 있고 생을 즐겁게 살기 위한 계획과 실천을 통해 부지런히 자기 자신을 관리해 왔다. 바로 그것이 그들을 위대한 성취자로 만들어 낸 것이다.

그러나 꼼꼼히 살펴보면 그들의 성공은 매우 드문 예외적인 경우라고 할 수 있다. 다시 말하면 재능이나 업적 면에서 너무나 뛰어나서 그들은 평범한 인간 존재의 영역 밖의 경우로 간주된다. 그리고 어느 정도의 타고난 재능을 가진 사람들까지를 포함해서 우리들 대부분은 우리 자신을 관리하는 방법을 배워야 한다. 많은 사람들 중에 당신이 그들의 부류에 들어갈 수 도 있기 때문이다.

우리는 우리 자신을 발전시키기 위해서 끊임없이 배워야만 하며, 개발된 적성을 통해 의미 있고 큰 공헌을 할 수 있는 분야에 우리 자신을 소속시켜야 한다. 그리고 30년의 근로기간 동안 뛰어난 분별력을 가지고 실질적으로 일에 참여해야 한다. 이는 곧 우리의 일을 언제, 어떻게 바꿔야 하는지를 알아야 하는 것을 의미하는 것이다.

21세기에 생존하기 위해서는 전략적인 사회적 자기경력의 관리를 시작하여야 한다. 특히 회사나 조직을 위해 막연히 일하지 말고 자신의 마음가짐과 삶의 목표를 파악할 필요가 있다. 조직의 필요성과 자신의 필요성 사이의 균형을 유지하면서 자신의 직업을 적절한 방향으로 발전시킬 수 있도록 행동해야 할 것이다. 이제는 10년 후가 아니라 바로 지금 자기관리를 시작하여야 한다. 전략적인 사회적 경력관리의 진행과정을 제대로 실행하기 위해서는 3단계의 조치가 필요하다.

첫째, 직업에서 자기만족에 결정적인 요소를 파악하기 위한 내면탐구이다. 내면탐구에는 자신이 흥미, 필요성, 능력, 업무의 가치 및 성취감을 파악하는 것이 포함된다.

둘째, 직업의 목표를 정하기 위한 기회, 결심, 행동에 대한 영향을 미치게 될 외부정보를 수집하고 외면탐구를 시작하여야 한다. 이것은 자기평가의 결과를 자신이 일하는 환경의 필요성에 적응하기 위한 방법이며 자기를 남에게 보여주고 자기의 가치를 인정받을 수 있는 시작이기 때문이다.

셋째, 당신의 미래의 모습과 미래의 사회적 가치를 탐구하고 만들어 보아야 한다. 사람들은 내면과 외면을 탐구한 다음에 비로소 단기간 또는 장기간 일하기를 원하는 경력목표의 유형에 대한 정의를 내릴 수 있고 이러한 학습을 통해 완성된 당신의 모습을 볼 수 있기 때문이다.

당신은 이제 사회생활을 시작한 지 얼마 되지 않았지만 사회적인 관리를 전략적으로 시작하여야 한다. 최근 들어 직업과 관련산업이 다양화되면서 30대의 CEO가 심심찮게 출현하고 있다. 당신도 이 대열에 동참할 수 있다. 그것은 바로 전략적인 자기 관리로부터 시작되며 주변에서 당신을 찾게 될 것이다.

인생의 가치와 일을 통합시켜라

인생의 가치는 스스로의 판단과 목표설정에 달렸다. 직업은 자기가치의 실현이며 표현이다. 일에 대해 자기의 가치와 일치하는 의미 있는 가치를 부여하자. 그리고 자기의 것으로 만들어 보자. 바로 그 일이 나의 만족한 생활, 삶의 일부가 될 수 있다.

21세기는 열정의 시대라고 부르고 있다. 뜨거운 열정을 가진 사람들이 성공할 수 있는 세상이라는 뜻이다. 일이 좋아서 미친 사람에게는 당할 수 없다. 이제 이 말이 실감나는 세상이 될 것이다. 21세기의 직업은 단순한 생계수단이 아니고 자아실현의 의미를 갖게 되는 것이다. 따라서 자기의 인생관이나 가치관에 맞는 직업을 선택하는 것이 바람직하다. 자신이 사명감을 느낄 수 있고 좋아서 미칠 수 있는 분야로 진출해야 성공할 수 있기 때문이다.

가치 있는 삶이란 무엇일까? 돈을 많이 버는 것, 돈을 벌어서 결혼을 하고 키워준 부모에게 효도하는 것, 돈을 많이 벌어서 불쌍한 사람을 도와주는 것, 돈을 많이 벌어서 문화사업을 하는 것, 돈을 많이 벌어서 병원을 지어주고, 노약자들에게 편한 여생을 지내도록 하는 것, 이런 생각이 꼬리에 꼬리를 물고 나온다면, 단순히 돈만 버는 것이 아니고 어딘가 좋은 곳에 쓰려고 한다면 그것도 좋은 삶의 가치라고 볼 수 있다.

우리 사회에는 돈을 많이 벌지 못했지만 의로운 일을 하신 분들이 많이 있다. 아름다운 우리말과 글을 가꾸는 사람들, 그래서 시와 소설을 쓰면서 우리말을 간직하려고 애쓴 사람들이 있다. 이분들은 인생의 가치를 우리말 가꾸기에 둔 사람인 것이다. 그런가 하면, 요즘엔 독도사랑에 온 정열을 바치는 사람도 있다. 반크(VANK)라는 인터넷 사이트를 운영하면서 독도를 사랑하는 사람이 있는데 여기서 활동하는 사람들은 독도지키기에 인생의 가치를 둔 것이다.

사회의 첫 직업 속에서 장래에 나의 가치를 어디에 둘 것인가를 곰곰이 생각해볼 필요가 있다. 무엇이 나의 장래를 빛나게 할까? 그것은 화려하지도 않을 뿐만 아니라 누가 그렇게 인정해주는 일이 아닐 수도 있고 혹은 오랜 시간이 지난 후에 인정받는 어려운 일일 수도 있는 것이다.

자신의 업무와 직업적 가치가 조화를 이룬 사람들은 대체로 자신의 업무에 만족한다는 것이다. 반면에 직업적 가치가 현재의 업무나 자신들이 처한 환경, 혹은 인생의 다른 부분과 충돌하는 사람들은 현재의 업무에 불만을 느낀다. 직업가치는 당신

의 의도적인 노력에 대한 만족 또는 불만족을 결정하는 데 필요
한 요소이다. 그리고 자신에게 중요한 것이 무엇인지를 설명해
주는 특성으로 정의할 수 있다. 다음은 페기 시몬슨의 『나의 몸
값을 10배로 높이는 6가지 방법』을 열거한 것이다.

첫째는 자신의 직업적 가치 파악하기이다. 장기적인 직업의
만족을 위해서는 자신의 직업가치를 파악할 필요가 있다. 둘째
는 직업적 가치에 대한 이해이다. 기대수준이 높을수록 직업적
발전을 관리하고 업무에서 만족감을 얻기 위해서는 더 많은 에
너지와 노력이 필요할 것이다. 셋째는 직업적 가치와 생활의 조
화이다. 직업적 가치와는 달리 생활상의 필요는 상황이 변화함
에 따라 변화한다. 경력을 개발하기 위해서는 자신의 직업상의
우선순위를 파악하고 상황이 변할 때마다 그것을 변경해 나가
는 것이 필요하다. 넷째는 경력전략의 핵심 요소이다. 경력전략
이란 개인의 경력개발에 영향을 미치는 가치들로 구성된다. 다
섯째는 인생을 일로 푸는 것이다. 여섯째는 일과 생활의 일체화
이다. 일곱째는 인생의 가치와 경력패턴의 조화이다. 당신이 전
통적인 수직형 경력을 가지고 있고 또한 자신의 가치가 대부분
충족되었다면 약간의 경력 관리만으로도 자기 인생의 목표를
성취할 수 있을 것이다.

따라서 당신은 다양한 방법으로 자신의 직업에서 성공할 수

있다는 것을 기억해야 한다. 물론, 이미 자신이 현재 하고 있는 것과는 달리 자신의 직업에서 일찌감치 성공에 대한 정의를 내렸을 수도 있으며 이것 또한 나중에 바뀔 수도 있다.

내 몸에 맞는 전략적 비전을 세워라

세상을 살면서 모든 것을 이룰 수는 없다. 따라서 생의 전략을 내 몸에 맞게 설계하고 실천하라. 그러면 성공확률은 높아진다. 그리고 미래에 대해 가장 잘 대응하는 것은 미래를 만들어 가는 것이다.

성공한 기업들의 공통점은 회사의 경영이념과 비전을 반드시 가지고 있다. 경영자가 기업을 영위하는 데 있어 지침이 되는 기본적인 의식을 경영신조 또는 경영철학이라고도 한다. 즉, 기업이 사회적 존재 이유를 표시하고 경영활동을 방향 짓게 하는 기업의 신조를 말한다. 대표적인 기업인 삼성전자를 보자. "인재와 기술을 바탕으로 최고의 제품과 서비스를 창출하여 인류사회에 공헌한다."라는 경영이념과 "Digital - Company"의 비전이 설정되어 있다. 이처럼 기업의 경영이념에 따라 비전을 설정하고 구체적인 목표를 가지고 이를 달성하기 위한 총체적인 활동을 하는 것이다.

개인이 설정한 목표가 실제로 실행력을 가지려면 실행과제들이 뒤따라야 한다. 회사원의 경우를 살펴보자. 지금은 기업의 인

사팀에 있지만 5년 후에는 영화평론가가 되고자 하는 박 대리를 보자. 그가 꿈을 이루기 위해서 선정한 과제는 영화 많이 접하기, 영화평론 많이 보기, 습작 많이 하기 등 간단하면서도 실행하기 쉬운 것들이다. 당신도 마찬가지이다. 지금의 업무에서 주인공은 아닐 것이다. 사수와 조수의 개념으로 보자면 당신은 조수 역할에 가깝다. 이러한 위치에서 벗어날 수 있고 인정받을 수 있는 사수의 위치로 가기 위한 일련의 노력을 경주하자는 것이다.

목표를 이루기 위한 실행과제들이 선정되었다면 이제 각각의 과제들에 대한 성과지표를 만들어야 한다. 기업에게는 이윤창출이라는 비전 달성을 위한 각종 성과지표들인 시장점유율, 마진율, 고객만족도 등이 있어 기업이 추진한 전략의 성과에 대한 꾸준한 모니터가 가능하다. 개인의 경우, 비전 자체가 정성적인 경우가 많아 성과지표를 찾아내기가 쉽지 않다. 하지만 원하는 목표에 영향을 미치는 요인들을 세분화해 나가면 성과지표를 만들 수 있다.

우리는 다른 세계 속에서 살고 있다. 그 세계는 노동의 시간과 비례해서 보상해주는 세상이 아니고 전문성, 차별성, 재능에 대한 보상이 이뤄지는 인재전쟁의 시대이다. 미국은 우리에게 선행지표를 준다. 미국 직장인이 졸업 후 40년간 직장생활을 한다고 할 때 평균 11번을 이직하고 바탕기술을 세 번 바꾼다고 한다. 이제는 평생직장도 평생직업도 흔들리는 시대이다. 끊임없이 학습하고 새로운 전문성을 확보하는 사람만이 적응할 수 있다.

하루라도 인터넷 없이는 살 수 없는 노마디즘(nomadism: 유목)의 시대에서 더 이상 물리적 거리란 의미가 없어졌다. 지구 전체를 떠돌아다니며 일하는 유목주의 시대가 온 것이다. 임시성, 비정규성이 우리 시대의 특성이 되고 있다. 정규직조차도 평생직장의 개념이 없어지는 시대이다.

이렇게 변화된 환경 속에서 훌륭한 직업의 직장인이란 어떤 사람인가? 명예, 만족, 기쁨, 성과, 돈, 사명, 공헌, 자기계발 등 좋은 직장에 대한 많은 기준이 있을 때 지금 자신의 위치와 자기가 생각하는 좋은 직장에 대한 포지션에 갭이 있을 것이다. 우리는 그 갭(gap) 사이의 이동(movement)을 자기변화라고 한다. 자기변화는 더 이상 두려운 것도, 저항해야 하는 것도, 귀찮은 것도 아니다. 자기변화는 매우 중요하고, 반드시 해야 하고, 당장 해야 하는 것이다. 또한 좋은 직업인이란 윤리적이어야 하고 전문적이어야 한다. 좋은 직업인으로 살기 위해 내가 하고 있는 일을 새롭게 정의하는 것이며 반드시 성공적 비즈니스를 만들어야 한다.

산업사회는 평균적 인간이 중요하고 약점보완의 학습이었다면 현대사회는 내가 무엇인가 잘할 수 있는 것을 찾아내 그것을 특화해야 한다. 거기에서 재미, 의미, 소득이 다 나온다. 대개들 세상의 변화에 적응해야 하는 것으로 생각하는데 미래의 변화는 제대로 예측할 수 없으므로 미래에 대해 가장 잘 대응하는 것은 미래를 만들어 가는 것이다. 즉, 전략이라는 도구를 통해 당신의 미래를 구체화하는 것이다. 바로 그것이 달성할 목표를 가질 수 있고 그것을 달성하기 위한 변화를 적응의 개념으로 접근하는 것이 적자생존의 이론인 다윈의 사고방식이다. 따라서 미래를 가장 잘 대응하는 것은 미래를 만들어 가는 것이다.

주위의 조언자를 전략적으로 이용하라

주위의 조언은 자신의 성장과 발전에 도움을 준다. 목표를 설정하고 그 목표를 매진하게 도와준다. 조언자들은 당신을 리더로 바꾸어 줄 수 있는 현재의 리더들이다. 그들의 조언을 적극 경청하라. 그리고 고민 후 적극 수용하라.

세상은 더불어 사는 삶이다. 조언에 있어 비슷한 길을 먼저 간 선배들의 조언은 기술의 발전과 현재의 성과에 초점을 맞출 수도 있지만 대개 더 넓은 조망을 가지고 있다. 예를 들어 당신은 자신이 조직에서 필요한 지식을 넓히고 정책적인 현실을 더 많이 인식하고, 자신의 상호 관련 기능의 가치를 증대하기 위해 다른 기능을 학습하고 적절한 발전 기회를 파악하고, 인간관계와 조직의 자원에 관심을 갖기 위해 조언자의 도움을 요청할 수 있다.

또한 조언관계는 직원을 위한 발전기회로 활용될 수 있지만 마찬가지로 조언자의 발전기회도 될 수 있다. 이와 같은 조언의 이점을 십분 활용하여야 한다. 조언의 수용은 자신의 성장과 발전에 도움을 주며 목표를 설정하고 그 목표를 향해 매진하게 도와준다. 도전적인 임무와 학습기회의 적극적인 모색은 가능한 해결책뿐만 아니라 문제점을 분명하게 전달한다. 필요성과 감정을 공개적이고 솔직하게 털어놓는다.

우리가 조언자를 찾는다는 것은 본인이 사회생활을 하면서 자기의 리더를 찾아 닮아가는 것이라 해도 무방하다. 필요한 리더들은 어떤 형태일까? 찾아보자. 이런 사람들이 자신의 조언자의 역할을 하기에 충분하기 때문이다. 존 맥스웰(John Maxwell)의 『열매 맺는 지도자』의 내용 중에서 지도자를 조언자로 바꾸어 보았다.

"이것을 하나로 묶어 보면 꼭 필요한 때에 적절한 방법으로 영향력을 발휘하며, 비난은 자기에게 칭찬은 다른 사람에게 돌리며, 사람들은 타인들을 인도하기 이전에 자기 자신을 바로 인도할 수 있으며, 엇비슷한 해답이 아닌 최상의 해답을 찾아내며, 자기 자신보다는 자신의 조직과 사람들에게 더 큰 의미와 가치를 부여하며, 자기 유익보다는 다른 사람들의 유익을 위해 희생하며, 자신을 다루는 데는 머리를, 다른 사람을 움직이는 데는 가슴을 사용하며, 바른 길을 알고 그 길을 가며 그 길을 열어 보여 줄 수 있으며, 사람들을 위협하거나 교묘하게 이용하지 않고 그들에게 영감을 주고 가슴에 동기를 심어 주며, 사람들의 문제를 알고 그들과 함께 살며 그들의 문제를 해결하기 위해 하나님 앞에 나아가며, 자신의 인격을 자신의 지위보다 더 중요하게 인식하며, 여론의 물결을 따라가기보다는 바른 여론을 형성해가며, 직관이 인격의 반영임을 이해하며, 특별한 책임을 수행해야 하는 경우 외에는 자신을 다른 사람들 위에 두지 않는 겸손함이 있으며, 큰일뿐만 아니라 작은 일에도 정직하며, 먼저 자신을 다스림으로써 다른 사람들에게 다스림받지 않으며, 실패를 재기의 기회로 삼으며, 유행에 상관없이 언제나 올바른 방향을 제시하는 도덕적 나침반을 가진 조언자들인 것이다.”

그들이야말로 조언자이면서 당신의 직업관을 만들어 주고 가져다 줄 리더인 것이다. 인재를 개발하고 성장시키는 일은 리더십을 가진 조언자들의 가장 중요한 소명이다. 그리고 그들은 지도자의 가장 가까이에 있는 사람들로서 그 지도자의 성공 여부를 지원하기도 한다. 진정한 조언자들은 많은 사람들이 성공하기를 기대하는 사람들이며, 자신들이 승리하기 위해서 하는 게임과 지지 않으려고 하는 게임 사이에는 탁월과 평범이라는 차이를 만들어 가는 사람들이다. 그리고 계속적인 성공은 계속적인 조언을 받음으로써 이루어질 수 있다고 생각한다. 자신의 관리자는 최고의 조언자이다.

당신과 가장 친밀한 관계는 당신 주변의 관리자이다. 전문가, 조언자들은 현재 업무보다도 폭넓은 차원에서 제공을 해주는 반면 관리자는 그날그날을 기준으로 당신의 업무를 관찰한다.

그리고 일상적으로 당신은 관리자와 친밀한 관계를 형성하는 것이 현명하다. 관리자의 역할은 그들이 감독하는 직업에 따라 변한다. 자율적인 환경에서 관리자는 수준이 비슷한 직원들이 여럿 모인 몇 개 팀의 후원자가 될 수 있으면서 각별한 인연을 만든 후에는 당신의 조언자뿐만 아니라 후원자 역할도 가능하기 때문이다.

"수련단계"

PART 3

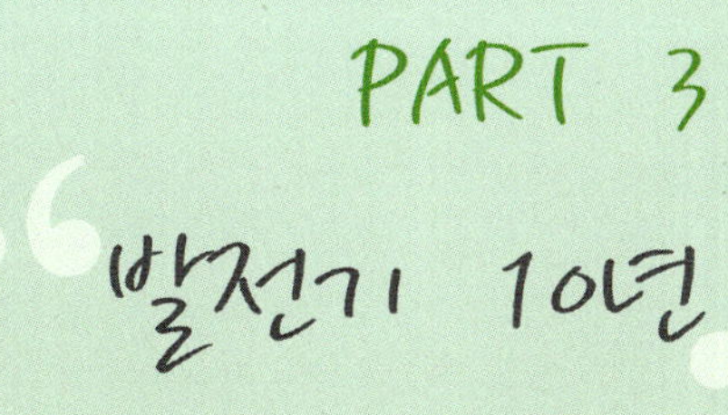

전문가가 되기 위한 수련기

교육, 수련은 인간의 행동을 변화시키는 데 목적을 두고 있다.
교육을 뜻하는 그리스어의 pedagogy의 어원은 paidagōgos로서
paidos와 agōgos를 합성하여 '어린이를 이끈다'를 의미한다. 라틴
어의 education은 e와 duco의 합성어로 '밖으로 꺼내다'의 의미를
지니며 draw out, lead out, raise up, bring up, rear a child로 해석하
기도 한다. 일부 한글학자들은 교육을 한글의 語義로 '가르치다'
와 '기르다'의 합성어로 분석하며 교육은 피교육자의 발전가능
성, 교육자의 교도 훈련성, 그리고 인격적 매개성을 전제로 하고
있다고 설명하고 있다.

수련은 학생들의 무한한 잠재성과 가르치고 배우는 자와의
인격을 매개로 자연적 상황보다는 인위적 상황에서 이루어지기
때문에 목적을 추구하는 행위이다. 즉, 수련은 인간의 행동 특성

인 인지적 특성, 정의적 특성, 그리고 심동적 특성의 행동 변화를 유도하여 교육목표에 도달하게 하는 데 목적이 있으며 의도한 목표를 달성하였는가의 여부를 판단하는 것도 수련의 중요한 기능이다.

우리는 직업의 단계에 있어 3년이 지난 후, 인생의 수련단계처럼 직업의 수련단계로 진입해야 한다. 이러한 수련단계는 직업의 진정한 참맛을 볼 수 있는 시기이기도 하다. 이것이 바로 사회생활을 출발한 지 10년 안에 이루어야 할 자기의 사명이다. 교육전문가인 타일러(Tyler)는 교육목표의 달성 여부를 판단하는 행위를 교육평가라 하였다. 교육평가 방법은 평가의 내용과 목적에 따라 매우 다양하다.

특히 가르치고 배운 내용을 얼마만큼 알고 있는지를 평가하는 학업성취도 평가방법은 학습 내용과 특징, 그리고 평가목적에 따라 다양하다. 최근에는 '새물결 교육' 그리고 '새교육문화창조' 운동 아래 수행평가에 대한 관심이 높아지고 있다. 이와 마찬가지로 기업에서는 개인 또는 집단의 성과평가를 여러 가지의 프로그램이나 도구(tool)들을 이용하고 있으며 개인 스스로도 이러한 결과치를 자기발전에 이용하여야 한다. 예를 들면 KPI(Key Performance Index), BSC(Balance Score Sheet) 등이 그것이다.

당신의 수련단계 10년은 도인이나 종교인들이 경험하는 수련단계와 같은 열정과 관심을 기울여야 할 중대한 시기이다. 수련 단계에 있어 수행 시에는 일체의 잡념을 금해야 한다. 만일 잡념에 시달리게 되면 본인이 내는 주문소리에 집중을 하고 리듬에 따라서 해야 한다. 잡념은 수행 시 일어나는 자연스러운 현상으로 억지로 잡념을 없애는 방법은 옳지 않다. 자연스럽게 잡념이 없어지도록 서서히 본인이 내는 주문소리에 집중한다고 한다. 직업의 수련단계에서도 마찬가지이다. 수행 시 마음속에 지극히 큰 뜻을 품고 지극한 정성으로 주문을 읽으면 된다. "나는 할 수 있다. 나는 할 수 있다."라고…….

다음으로 내면적 체험이 있을 시 너무 폼을 내어 남에게 말하는 것을 금하는 것이 좋다. 만일 그렇지 않고 자랑하여 드러내게 되면 수행을 가호하는 천지의 성신들이 도리어 그 밝은 기운을 거두어 버리는 것과 마찬가지로 자기 자신이 확신이 설 때 남에게 공포해야 한다. 그래야 어떤 시기와 질투도 막을 수 있고 당당한 자신을 나타낼 수 있기 때문이다. 명심하라. 도 세계의 가장 뚫기 어려운 관문 중의 하나가 바로 "자만과 교만"이다.

또한 항시 겸손과 하심(下心)을 잊어선 안 된다. 진정한 전문가가 되기 위해서 세속의 저속한 마음과 욕심을 끊어버린 청정심(淸淨心)을 지키는 중용(中庸)의 경계로 들어가는 것이 중요하며, 나아가 '건중건극(建中建極)' 즉, 마음의 중심을 잘 잡고 어느

쪽에도 치우침이 없는 차원으로 들어가야 도(道)와 마음(心)의
오묘함을 스스로 체득하여 세상에 덕을 펼 수 있게 된다는 진리
를 10년 동안의 수련단계에서 가져야 한다.

미래로 가는 전략적 목표를 수립하라

사회는 조직체계 속에서 뚜렷한 목적의식이 있을 때에만 미래에 대한 꾸준한 성장, 발전이 가능하며 한계 상황에 봉착하더라도 극복할 수 있다. 전략적인 미래의 목표를 수립하라.

직업이란 사람이 살아가는 데 있어 경제적인 문제를 해결해 주는 생활수단인 동시에 자아실현의 방법이라고 정의 내릴 수 있다. 이 때문에 현대사회에서 직업을 통해 경제활동을 수행한다는 것은 생계를 위한 소득의 원천을 획득하는 동시에 능력발휘를 통한 자아실현을 도모한다는 의미가 된다.

또한 이 같은 경제활동에서의 사회적 역할분담을 통해 개인은 사회적 가치창조에 기여하고 이에 따른 개인의 사회적 지위를 획득하는 것을 목적으로 삼게 된다. 이처럼 직업이 개인의 인생에서 중요한 부분을 차지하는 것은 물론 사회발전에 결정적인 역할을 하는 만큼 이를 실현하기 위한 직업선택 역시 간과될 수 없는 사안이라고 할 수 있다.

자신이 평생 일할 직업을 선택해 후회 없는 생활을 영위하기 위해서는 어떻게 해야 하는가. 우선 무엇보다 취업을 하려는 사람은 자신의 '직업의식'부터 새롭게 정립하는 것이 급선무다. 직업의식이란 바로 생활현장에서 싹트는 것이기 때문에 취업도 하지 않은 수험생들에게 이를 요구하는 것은 조금 무리가 따를 수도 있다. 그러나 직업의식이야말로 산업사회를 전개해 나가는 관건이며 사회발전의 가늠자가 되기 때문에 취업을 희망하는 사람이라면 최소한 직업선택에 있어 가치판단의 척도 정도를 미리 염두에 두어야 한다.

직업의식은 확실한 '목적의식'에서 출발한다. 이는 자아에 대한 신념의 표출임과 동시에 직업선택에 대한 이해 및 가치판단의 기초가 된다는 점에서 인생을 설계하는 토대가 된다. 사회는 조직체계 속에서 뚜렷한 목적의식이 있을 때에만 꾸준히 성장, 발전할 수 있으며 한계 상황에 봉착하더라도 극복할 수 있는 것이다. 개인적으로는 투철한 직업의식의 확립이야말로 산업사회를 지향하는 오늘날 무엇보다 필요한 시대적 요구사항이다.

평생을 함께할 직업이라면 자신의 인생과 부합되는 방향을 찾는 것이 가장 바람직하며 방향이 설정되면 그 분야의 전문가가 되겠다는 신념과 각오로 나서야 할 것이다. 확실한 목적의식에 기반을 둔 직업의식은 직업을 선택하는 사람에게 그에 상응하는 결과를 가져다 줄 것이다.

"내가 원하는 일자리가 5년 뒤에도 그대로 있을지 아니면 회사조차 사라지고 없을지 모르는 혼란스러운 업무환경에서 어떻게 장기적인 경력계획을 세울 수 있단 말인가?" 이 말은 상당히 역설적이고 끊임없이 변화하는 환경에서 전통적인 경력계획을 세우기는 불가능하지만 전략적인 경력계획은 반드시 필요하며 다음과 같은 내용이 포함되어야 한다.

첫째는 성공목표 정하기이다. 자신의 경력목표를 정하기 위해 먼저 하여야 할 일은 스스로 성공의 정의를 내리는 것이다. 성공을 정의하기 위해서는 상당한 자기성찰이 필요하며, 시간이 지나면서 성공이란 무엇인지 재정의할 수 있을지도 모른다. 자신의 전략적 비전에 대해 확실히 인식할 수 있도록 완성해야 한다.

둘째는 직업분야 정하기이다. 장기적인 목표를 세울 수 있는 한 가지 중요한 방법은 자신의 현재 분야나 바라는 분야 또는 전문직업을 상세하게 표현하는 것이다.

셋째는 능력개발이다. 전략적인 경력 목표를 성취하는 데 필요한 입장을 구축하기 위한 가장 안전한 방법은 능력을 개발하는 것이다.

넷째는 경력목표 설정이다. 전략적인 비전과 장기적인 경력계획이 비록 당장에 자신이 설정한 경력목표와 다를 수도 있지만 장기적인 발전목표를 설정할 필요가 있다.

장기적인 목표는 5년에서 10년 단위로 설정할 수 있으며 직업적인 목표 및 생활방식을 목표와 일체화시킬 필요가 있다. 특정 직위 또는 조직을 겨냥해서 이를 목표로 설정하는 것은 비현실적이다. 그 대신에 선택한 경력 패턴과 자신의 목표를 조화시키고 적절한 작업단계를 겨냥해야 한다.

구체적인 비전의 성장과정을 기술하라

성장에도 단계가 있고 그 단계별로 해야 할 일이 있다. 비전과 전략, 목표가 수립되었다면 단계별 구체적인 계획과 예상되는 결과를 설계하라. 그리고 실천하라. 그것이 많은 성과창출을 가져올 수 있다.

결과보다 과정이 더 소중한 것이다. 그런데 많은 사람들은 결과만을 중요하게 생각하니 문제가 아닐까? 옛말에 "모로 가도 서울만 가면 된다."라는 말이 있다. 이것은 결과 지상주의, 성공 만능주의를 의미하는 것으로 상당히 어폐가 있는 말이다. 어떻게 무슨 방법을 쓰든지 이기면 좋은 것인가, 어떻게 하든지 성공만 하면 최고인가를 되새겨 보아야 한다. 결과보다 더 소중한 것은 과정이고 성공보다 더 중요한 것은 성공을 이루는 수단임에 틀림없다.

당신은 목표에 걸맞은 과정에 대한 평가와 새로운 목표수정이 필요하다. 이런 마음을 가질 때 사람을 함부로 평가하지 않게 되고 또 사람의 능력을 함부로 평가하지도 않을 것이다. 비록 지금 아무것도 이루지 못했지만 그것은 그것대로 의미가 있고, 비록 아직은 뭔가 보이지 않지만 그 사람이 정말 필요한 때가 있는 법이요, 이 세상은 한 걸음 한 걸음 걸어가는 그 발자취가 소중한 것이다.

그것이 사실이라면, 거기는 반칙을 해서라도 이기려고 애를 쓰는 자는 없을 것이다. 또한 무슨 수를 써서라도 성공만 하면 된다고 하는 정신 나간 사람도 없을 것이다. 또한 상대방이 어떤 과정을 거쳐 여기까지 왔는지는 아랑곳하지 않고 성공한 자는 무조건 인정을 해주려는 풍토는 없어질 것이니 말이다. 결과보다 더 중요한 것은 과정이고 그 과정보다 더 중요한 것은 그것을 어떻게 바라보느냐 하는 것이다. 세상과 직업의 문제를 바라보는 그 사람의 생각과 태도가 중요하며 이러한 관점에서 업무단계별 내용과 요소들을 살펴보아야 한다.

첫째는 업무단계별 책무수준이다. 만일 일자리에서 또는 조직이 장기적인 경력계획을 세우기 위한 체계를 제공하지 않는다면 당신은 어떻게 하여야 하는가? 조직을 성공적인 승진으로 이어지는 피라미드라고 생각하는 것은 구세대의 패러다임일 뿐이다. 당신이 수평적 경력 패턴을 선택하였다 하더라도 승진을 기대하면서 하나의 조직만을 자신의 목표와 연계시키는 것은 시대에 뒤떨어진 발상이다. 따라서 당신의 장기적인 전략적 경력계획을 세워야 하며 이에 따르는 책임수준을 고려하여야 한다. 1단계에서는 수습사원으로, 2단계에서는 독자적인 능력을 발휘하는 조직의 구성원으로, 3단계에서는 좀 더 폭넓은 책임을 지는 조직인으로서, 4단계에서는 정책 입안자, 리더 및 후원자로서 조직의 방향을 제시하는 것이다.

둘째는 업무 단계별 이동의 장애물이다. 1단계에서의 장애물은 직업에 대해 우유부단하며 타인의 조언을 받아들일 의사가 없는 것이다. 2단계는 주도적인 자세가 모자라거나 목표가 뚜렷하지 않을 때, 또는 협조적으로 일하지 않는 것이다. 3단계는 기술적인 업무에 편중하거나 지엽적인 것에 집착하는 것과 부족한 대인관계 능력 및 리더십 활동의 결핍이다. 마지막 4단계는 리더가 될 사람은 조직에 적절한 방향을 제공하고 후원하며, 자신의 직위를 활용하는 판단력을 갖추어야 한다는 것이다.

성장과정을 기술하는 도구로서 전략 맵과 스코어 카드를 활용하여야 한다. 전략 맵은 전략을 구체화하여 그 조직적인 공유를 실현한다는 목적으로 전략과 계획을 조직적으로 전개하고 실행으로 연결하기 위해 사용된다. 이것은 계획단계의 중반에 작성하며 전략의 실행, 리뷰 검증단계에서는 실제로 활용된다.

스코어 카드는 전략의 정량화, 시책화로 역시 조직적인 공유를 실현한다는 목적을 가진다. 이것은 계획단계의 후반에 작성되어 계획의 실시단계 및 평가단계에서 실제로 활용한다. 스코어 카드는 정확한 실시를 모니터링, 평가하는 점검의 역할을 한다.

　명확한 차별성이 있는 사업전략과 비즈니스 모델, 그것을 효과적으로 실현할 중요 성공요인, 그 위에 그 성공요인을 확실히 실행하기 위한 구체적인 실행 계획이 일괄적으로 계획, 실행, 관리되는 것에 의해 비로소 비전은 실현되는 것이다.

관련직업의 네트워크를 구축하라

세상은 유유상종(類類相從)의 삶이다. 혼자의 생각보다 같은 일을 많은 사람이 생각하면 발전의 속도는 빨라질 수 있다. 이러한 인간의 속성을 활용해서 자기 삶의 네트워크를 형성하라. 그것이 평생의 무형자산이다.

사람은 직업이 없이 살아갈 수 없다. 직업을 통해 일정한 부를 획득하고 그것을 통해 생존에 필요한 '의·식·주'를 제공받는다. 직업을 통해 미래를 위한 저축도 할 수 있다. 직업이 없다는 것은 이와 같은 활동을 하지 못하는, 최악의 경우 생존 자체가 위협받는 상황에 직면할 수도 있다. 또한 직업은 사회와 어울려 살기 위한 방편이기도 하다. 분업화된 현대사회 속에서 나의 직업은 누군가를 도와줄 수 있기도 하고 완제품을 조립하기 위한 부품역할을 담당하기도 하는 것이다.

최근 개인이나 취미생활을 같이하는 인포멀그룹, 정보공유나 교환을 통해 관심이나 속해져 있는 전문가 집단과의 교류를 하고자 하는 네트워크뿐만 아니라 기업 간 제휴나 협력 관계가 늘어나면서 기업 간의 네트워크 조직이 확산되고 있다.

요즘과 같이 개인 간, 기업 간 경쟁이 치열하고, 변화가 심한 경영환경하에서 기업이 성공하기 위해서는 남들과 차별화될 수 있는 확실한 핵심 역량을 확보해야 된다. 개인과 기업의 핵심 역량은 개인과 회사가 잘할 수 있는 분야에 자원을 집중하여 지속적으로 역량을 심화시켜 나갈 때 확보될 수 있다. 모든 분야에서 다 잘하려고 하는 것은 자원의 한계로 인해 차별적 우위를 가지기 어렵기 때문이다. 따라서 수련단계에서의 네트워크는 수련단계의 성숙함과 지존단계의 완성을 위해서도 절대 필요한 것으로 다음의 5가지를 기억할 필요가 있다.

첫째, 만남을 소중히 여긴다. 업무상이든 아니면 업무 이외의 일에서든 처음으로 만나는 사람을 소중하게 여기는 마음 자세를 갖추어야 한다. 특히 첫인상에 많은 신경을 써야 한다. 명함을 교환했으면 그 명함을 소중하게 보관하고 필요한 경우에는 즉시 편지를 쓰거나 전화를 거는 것으로 항상 연락을 취할 수 있도록 만들어 두어야 한다.

둘째, 적극적으로 만남의 장소를 만든다. 타 업종 교류회나 강연회, 스터디그룹 등에 적극적으로 참가하여 옆에 있는 사람에게 말을 걸어 친구를 만드는 식으로 적극적인 태도를 가지는 것이 중요하다.

셋째, 셋을 주고 하나를 받는다는 'Three Give One Take' 정신은 상대에게 가장 신뢰를 줄 수 있는 방법이다. 단순히 주고받는 것(give & take)이 아니라 셋을 주고 하나를 받는 정도로 상대를 소중하게 생각하는 마음이야말로 오랫동안 좋은 인간관계와 신뢰관계를 유지할 수 있는 바탕이다 우선 먼저 제공하는 것부터 시작한다.

넷째, 서로의 신뢰관계를 소중하게 여긴다. 만남이 거듭되는 동안에 상대의 비밀을 알게 되는 것은 당연한 일이다. 그런 비밀을 소문낸다면 신용이 떨어지고 그 사람과의 관계는 금이 간다. 그 밖에 아무리 친해진 사이라 해도 금전문제나 예의문제를 확실하게 유지하는 것이 중요하다.

다섯째, 자기에게 없는 장점을 가진 사람을 사귄다. 자기에게 없는 장점을 가지고 있는 여러 분야의 사람들과 친구가 되어야 한다. 그렇게 함으로써 서로 도움을 주고받을 수 있기 때문이다.

친목동호회도 유용한데 특히 기업별 동호회는 현재 재직 중인 사람들끼리 모이거나 퇴사한 사람들이 모임을 갖는 것이 일반적이다. 교보생명에 다니는 전·현직 직원들의 모임인 '교우회'는 회원들의 창업과 재취업에 적극 나서고 있으며, 각종 경조사를 챙긴다. 전직 기업 출신 OB모임으로는 '삼성오비닷컴'이 유명하다. 이 모임은 삼성에서 5년 이상 경력을 쌓은 사람들의 리스트를 모아 헤드헌팅 사업도 펼치고 있다. 삼성오비닷컴

사이트에는 한 달에 10여 건 이상 채용공고가 올라온다.

LG그룹의 모기업인 LG생활건강의 영업출신들을 중심으로 하는 모임인 LG동우회와 상품개발 출신들의 모임인 LG개발동우회가 있으며 대우에서 함께 생활했던 직장인들의 모임인 '대우러브'도 있다.

인터넷 인맥관리도 가능한데 특히 시간과 비용 때문에 오프라인 모임이 부담스럽다면 인터넷을 이용해 간편하게 인맥을 관리할 수 있다. 인크루트가 제공하는 온라인 인맥관리 서비스 '명함(www.nugu.com)'은 명함을 온라인으로 전환한 것이다. 온라인 명함에 자신의 직장과 업무 경력, 특기 등 다양한 내용을 수록할 수 있다.

가르치며 배우라

사람은 배움에 있어 모든 것을 득도할 수는 없다. 그러나 남을 가르치기 위해서는 내용을 완전히 이해해야 한다. 따라서 가르치는 것이 완전한 배움으로 가져갈 수 있는 최선의 방법이다.

'진정한 앎'이란 과연 무엇인가? 유명한 교육가이자 저술가인 파커 팔머(Parker Palmer)는 소위 '잘 가르치기' 위해서, 그리고 '잘 배우기' 위해서는 먼저 '앎'의 정체를 캐내는 것이 중요하다고 했으며 또한 '지성이 만들어 온 세계는 결함이 있고 위험하며 치명적이다. 우리에게는 지성과 마음이 하나가 되어 세계를 보는 온전한 시각이 필요하다'라고 가르침과 배움의 상호 중요성을 강조하고 있다.

온전한 시각이란 두 눈이 하나가 되어 바라보는 것으로 지성(mind)이라는 눈은 전문직업인으로서의 교사 관점이나 학습자 관점에서 사회생활에 임하는 것이며 다른 하나인 마음(heart)의 눈, 다시 말해 내적인 관계성이 이루어지는 눈으로도 세계를 보는 공동체적 시각이 필요하다는 것이다.

이런 점에서 배움과 가르침은 접근 방법이나 형식은 다르다 할지라도 다루는 내용이나 깊이에 있어 같은 맥락인 것이다. 그래서인지 'to Know as We Are Known(우리가 알고 있는 것처럼 아는 것)'의 표현을 '가르침과 배움의 영성'이라는 말로 중요성을 이야기할 수 있다.

말 경주에서 가장 빠른 기수는 기술이 매우 좋고 접근 방법도 능동적이다. 경영자와 간부사원의 경우도 마찬가지이다. 회사를 계속 움직이게 하려면 회사와 함께 움직이는 능동적인 접근 방법을 취해야 한다. 본인이 직접 달리는 것은 아니지만, 회사가 움직여가는 동안 모든 발걸음마다 회사를 안내해야 하고 도전하게 만들어 가야 한다.

일터 곧 직장은 직원들이 끊임없이 상호 작용하며 더불어 살아가는 것이다. 일은 그들이 하는 것이고, 그들의 돈벌이이며, 그들의 직업이다. 일은 자극을 주고 흥미진진하며, 도전하고자 하는 마음을 불러일으키고, 훌륭한 학습경험이 되며, 발전을 위한 디딤돌이 된다. 그렇지 않다면 일은 짐스럽고, 지루하고, 스트레스를 주며, 따분하고, 위험하고, 어리석고, 의미 없는 다람쥐 쳇바퀴에 지나지 않는다. 한마디로 일은 그 일을 하는 사람에게 엄청난 영향을 미칠 수 있다.

일의 영향력이 막대하다는 것은 조직의 리더, 경영자들에게 중요한 지침을 준다. 그것은 사람들에게 도전거리가 될 만한 일을 맡겨야 한다는 것이다. 직원들이 자기가 좋아하는 일에 적절히 도전받지 못하거나 일에 의미를 느끼지 못하거나 하고자 하는 의욕을 느끼지 못하면, 가르치는 그 상황을 개선하기 위해 할 수 있는 일이 거의 없다.

가장 훌륭한 가르침은 항상 일 자체에 초점을 맞추고, 구성원들의 임무를 구성하고 감독하는 일과 리더십 역할의 가장 중요한 부분으로 인식하게 하는 것이며 조직원들이 하고 있는 일에서부터 왜 그런 일을 해야 하는지에 이르기까지 한눈에 볼 수 있도록 좋은 시야를 제공하는 것이다. 또한 배움이란 본인이 일과 도전과제를 해결해가는 데 필요한 적절한 자원과 기술이며 살아가는 데 필요한 자양분과 같은 것이다.

여기서 필요한 적절성이란 구성원들을 자극은 하지만 두렵게 만들거나 과도한 수준의 스트레스를 유발하지 않는 정도를 의미한다. 이렇게 효과적으로 자기 자신을 이끌어 가는 당신은 분명 재미있게 일하는 자기 자신을 발견하게 될 것이다. 만일 그렇다면, 그것은 일이 자신을 지치게 하는 것이 아니라 자신 스스로에게 경제적 보상 외에도 에너지를 공급해주고 있는 가치 있는 도전이 되고 있다는 확실한 증거가 되는 것이다.

자신의 가치를 점검하라. 그리고 가치를 높이는 작업을 하라

세상을 살아가면서 사회에 가치 있는 인간이 되어야 한다. 그 가치는 본인 스스로 설계하고 실천하고 개선하며 더 높은 가치를 인정받기 위해서는 부단히 노력해야 한다.

성공을 꿈꾸는 이들을 위한 자기 몸값 높이는 기술을 배우라. 횟집에서 신선한 회의 가격이 시가(時價)에 따라 결정되듯이 사람의 가치 또한 상황에 따라 변한다. 특히 요즘처럼 기업이 냉엄한 평가를 받아야 하는 상황에서는, 사원 개개인에게 높은 가치를 요구하게 된다. 성공하기 위해서는 물론이요 살아남기 위해서라도 자기가치를 높이는 일은 필수적이다. 자기가치를 높이기 위해서는 주어진 업무와 직책에 대해 남들에게 뒤떨어지지 않는 전문성을 갖는 것은 기본이다.

21C 세계 경제 지도엔 과연 어떤 기업들이 새 영역에 깃발을 꽂게 될까? 정보기술 혁명과 글로벌 경제 자신에 대한 투자 즉, 자신의 몸값을 올리기 위한 투자를 해야 한다. 자신의 부가가치를 높여 어떤 상황이 되어도 살아갈 수 있는 능력을 비축해 놓아

야 한다. 정보기술을 무기로 시대의 흐름을 간파하고 변신을 꾀하는 자만이 생존의 정글 속에서 살아남을 수 있다는 얘기이다.

컴퓨터와 통신망을 이용한 패러다임의 대전환을 하는 것이 전부는 아니다. 의식의 흐름 자체를 바꾸는 문제, 지식으로 무장하지 않으면 살 수가 없다. 우선은 자신을 지적 화이트칼라로 변신시켜, 효율적인 시간 관리에 의한 독창적인 지침서(manual)를 만드는 것이 필요하다. 그러나 하나의 정보, 즉 외부 혹은 내부에서 집적된 데이터베이스를 정보 그 자체로서 머물게 하지 않고 창조적인 사고 회로를 통해 그 정보를 조합하고 공유할 수 있는 무형의 존재를 이용하여 돈도 지위도 없는 젊은 사람이 자유롭게 사용할 수 있는 것은 시간 운명이라는 것이 자기 마음대로 되는 것은 아니지만 자신에게 투자하면 그만큼 기회가 찾아오는 것이기 때문에 인생에는 지침서가 없을 수도 있다. 따라서 변하지 않는 한 가지의 진실은 자기 머리로 생각해 자기 몸으로 경험하고 그것을 추진력으로 변환해서 새로운 길을 개척해 나가야 한다.

성공을 위해 가장 기본적이고 중요한 것은 회사나 조직이 요구하는 만큼 객관적이고 혹은 자신이 추구하는 만큼 주관적인 자기의 가치를 높이는 일이다. 현재 나의 역할과 가치의 재고는 어디까지인가? 나는 기본적인 업무를 성실히 수행하고 있는가?

인간적인 면모는 지니고 있는가, 상사와 부하를 이끌 수 있는 능력은 어느 정도 보유하고 있는가? 성공하기 위한 운은 따르는 가라는 몇 가지 기본적인 물음에서 출발하여, 바로 자신의 직장 생활에 적용할 수 있고 실천할 수 있는 방법을 모색해야 한다.

자기가치(employability)를 업무능력, 업무성과, 인간적인 면모, 리더십, 운을 수치로 환산하여 곱한 값으로 평가하는 방법이 있다. 이것은 가장 먼저 회사에 공헌할 수 있을 만큼 업무 능력과 기술을 향상시키고 높은 목표를 바탕으로 긍정적이고 책임이 강한 마인드를 지니도록 노력해야 하며 또한 타인에게 신뢰와 존경을 받을 만큼의 리더십을 갖추고 성공이 따라오는 운을 움직일 수 있어야 한다는 것으로 자기가치를 높이는 방법으로 제시되고 있다.

그렇다면 그 방법은 무엇일까? 간단하게 소개하면 다음과 같다. '10×10공식'으로 열 가지 업무를 10일 안에 소화하는 것을 기본으로 한다는 것이다. 다음으로 '엘리펀트 테크닉(elephant technique)'으로 어려운 문제는 해결할 수 있는 최소한의 단위로 나누어 해결하는 것이다. 그리고 프레젠테이션 요령, 숫자를 활용하는 능력, 보유한 능력을 발휘하는 방법, PRO법칙(Positive＋Responsibility＋Objective), 리더십을 키우는 4S(Strength/Sensitivity/Smile/Sacrifice), 깊이 있는 인간 성을 위한 요소, 상사에 대한 리더십과 부하에 대한 리더십을 키우는 방법, 운을 관리하는 4가지 요소 등이 소개되고 있다.

회사에서 좀 더 인정받고 싶은 사람, 연봉 협상을 두려워하는 사람, 실적에 자신 없는 사람, 일은 잘하지만 사람 관리를 못 하는 사람, 어떤 일을 해도 운이 잘 따르지 않는 사람 등 많은 직장인들에게 자기가치를 높이는 것이 최우선이다. 따라서 항시라도 시장에 자기 자신을 내어 놓았을 때 얼마의 가치인정을 받을 것인가는 항상 염두에 두어야 한다.

마음이 끌리는 곳으로 따라가라

진정으로 일과 직업의 보람을 느낄 수 있는 것은 그 일에 본인의 마음을 두는 것이다. 그리고 그 일을 생을 살아가는 데 필요한 천직으로 간주하는 것이다. 따라서 마음이 끌리는 일이 마음을 따라온다.

해보고 싶은 일을 어떻게 발견할 수 있을까? 뭔가에 자꾸 나도 모르게 눈길이 가거나 마음이 가는 일이 있는가? 마치 사랑하는 연인에게 마음을 뗄 수 없는 것처럼…… 그렇다면 그건 분명히 여러분이 그 일에 대해 관심과 소질이 있다는 말이다. 해본 경험은 없는데 온 마음이 그곳으로 쏠려 있고, 너무나도 해보고 싶은 일, 그것이 바로 당신의 일이다.

하고 싶은 일을 발견했다면 자유롭게 움직이기 힘든 상황이었음에도 불구하고 성공한 사람들의 독백은 한결같다. 여행가로 성공한 한비야의 『중국견문록』 글귀 일부를 보자.

"'일단 해보자!'고 결심을 했죠. 해외일주를 위해 멀쩡히 잘 다니던 회사를 그만둘 때도 그랬고요. 작년에는 중국어 어학연수를 꼭 가보고 싶었어요. 그래서 또 일단 떠났죠. 그리고는 아주 재미있게 중국어 공부를 마치고 왔습니다. 참 신기한 것은, 일단 가서 하다 보면 전혀 예측하지 못했던 괴력이 생긴다는 사실이에요. 세상의 기운과 다른 사람들의 힘이 어디선가 일어나 내 의지를 돕기 시작하는 거예요. 필요한 사람도 만나고 필요한 일도 생기죠. 가장 중요한 것은 그 일을 얼마나 간절히 원하느냐입니다. '당장 이것을 하지 않으면 안 될 것 같다. 이걸 하다가 죽어도 좋을 것 같아'라는 절실하고 간절한 마음이 있다면 지금 당장 시작해보세요. 반드시 잘 될 겁니다."

정말 하고 싶은 일을 향해 떠날 수 있는 용기의 비결은 간절히 원하는 것은 무엇이든 이룰 수 있다는 신념이다. 두려움은 버리지 못하는 데서 나온다. 어떤 희생을 치르더라도 꼭 얻고 싶은 것, 그것이 무엇인지 저마다 마음의 소리에 깊이 귀를 기울여 보아야 한다. 그래서 들리거든 일단 해보는 것이다. 해보지 않고는 아무것도 알 수 없는 것이다.

주변의 시선이 두려울 때 지금까지 주류에서 벗어난 아웃사이더의 삶을 살아왔다고 얘기들을 한다. 마음이 끌린다는 것은 대다수가 따르는 게임의 룰을 따르지 않았다는 것과 그러고 싶지도 않고, 그럴 수도 없고 즐거움과 괴로움이 공평하게 존재하는 가운데서 조금이라도 즐거움이 더 많은 삶을 택한다는 의미인 것이다.

하고 싶고 마음이 끌리는 일을 위해 오늘을 사는 법은 매일매일 어떤 일을 꾸준히 하는 것이다. 큰일을 하는 사람은 작은 일을 잘 해본 경험이 있는 사람이다. 흔히들 가는 여행을 예로 들자면 처음에는 가볍게 국내여행에서부터 시작한다. 오늘 주어진 것을 잘하지 못하면 큰일이 주어지면 절대 잘할 수가 없다. 마찬가지로 오늘 즐겁지 않으면 내일도 즐겁지 않고 여름에는 제철 과일인 수박을 맛있게 먹고 가을에는 가을 것을 즐겨야지 뭐든 억지로 하면 안 되는 것이다. 자, 이제부터라도 마음이 끌리는 일부터 시작해보자. 그리고 그것을 자기의 것으로 만들자.

세상을 바라보는데 마음의 눈이 아니라 보이는 것만 제대로 볼 수 있어도 참 옳게 잘살 수 있을 것이다. 그러나 사람들은 보이는 것만 보는 것이 아니라 본 적이 없는 것도 보았다고 말하는 것은 물론 보았음에도 못 보았다고 하니 그것이 문제인 것이다. 그러니 비록 마음의 눈은 뜨지 못할지언정 본 것이나 제대로 이야기할 줄 알아도 잘 사는 것이다.

마음이 끌리는 데 있어 '내가 얼마나 가치 있는 사람인가?'에 대한 질문에 비교적 긍정적인 판단을 내리고 정체감 형성과 건전한 발달을 지향하며 인간관계 또한 만족스럽고 조화롭게 유지해 나갈 수 있어야 한다. 그렇지 못한 경우에는 성장과 발달이 저해되고 부적응으로 종종 곤란을 겪게 된다. 결국 인간 발달에 있어서 긍정적인 자기가치 형성 즉, 마음이 끌리는 일을 하는 경우는 매우 중요한 위치를 차지하는 과제가 아닐 수 없다.

자신만의 차별화 방법을 찾아라

직업의 종류는 많지만 한 분야의 구성원 또한 엄청나게 많다. 따라서 차별화된 직업의식과 스킬을 가져야 한다. 그리고 남이 이루어놓은 바탕 위에 나의 성을 새롭게 쌓아야만 한다. 그래야만 그 분야의 리더가 될 수 있다.

이런 사람이 되자! 남보다 잘할 수 있는 기술을 가지자! 남이 자신의 가치를 인정해주기를 기다리지 말고 스스로 인정받겠다고 결심하는 것이 좋다. 정말로 좋아하는 일을 못하고 있다면, 자신의 태도를, 나아가 지금의 상황을 빨리 바꾸어야 한다. 그리고 무엇보다도 자신감을 갖는 것이 가장 중요하다. 진정한 전문가가 되어라. 중요한 전환점에 서 있다면 이렇게 말하라. "그래. 나는 나야. 내 능력을 최대로 발휘하겠어. 그리고 남들보다 나은 그 무엇을 통해……"라고 마음에 새겨두라.

단점을 장점으로 만들어라. 개발하지 못한 능력을 숨기기보다 스스로를 존중할 때, 더욱 강하고 매력적인 사람이 될 수 있다. 때로는 "정확한 수치는 모르겠습니다. 확인하고 나중에 말씀드리겠습니다."라는 태도가 더 당당해 보인다. 자신 있는 사람은 굳이 인정받으려 애쓰지 않는다. 인정받기 위해 초조해하고 불안해하지 마라. 그것은 충족할 수 없는 욕구를 억지로 충족하려는 것만큼이나 무익한 일이다. 자신감을 가지면 막연한 불안감에서 벗어나 해결 방법을 찾아낼 수 있다. 그런 사람이 되기 위해 다음의 방법을 참고해보자. 로저 본흐(Roger von Oceh)의 『생각의 혁명』에서 가져온 내용이다.

첫째는 규칙에 도전해야 한다. 기원전 334년 겨울 마케도니아의 알렉산드로스 장군이 이끄는 군대가 고르디온이라는 한 도시에 도착했을 때 그곳에 머무는 동안 알렉산드로스는 고르디아스의 매듭에 관한 전설을 듣게 된다. 그 매듭을 푸는 사람이 왕이 될 것이라는 내용이었다. 이 내용에 흥미를 느낀 알렉산드로스는 매듭을 풀려고 노력했지만 끝내 그 밧줄의 끝을 찾는 데 실패했다. 그러다 그는 '내가 저 매듭을 푸는 규칙을 만들면 되겠다'고 생각하고 칼을 뽑아 매듭을 잘라버렸고, 그는 아시아의 지배자가 되었다.

둘째는 관점을 전환해야 한다. 19세기 영국인 의사 에드워드 제너는 오랫동안 천연두 치료법을 연구했다. 많은 사례를 연구했지만 해결의 실마리를 찾지 못한 그는 문제에 대한 관점을 바꾸었고 천연두에 걸린 사람을 연구한 대신 그 병에 한 번도 걸리지 않은 사람들을 중심으로 연구한 끝에 종두라는 개념을 발견해 오늘에 이르렀다.

셋째는 간절하게 원하고 치열하게 생각해야 한다. 생각의 혁명이란 가만히 있는데 저절로 일어나는 것이 아니다. 문제를 앞에 두고 간절히 원하고 치열하게 생각할 때 나오는 것이다. 심지어 집중적인 관심을 갖고 노력을 기울이더라도 결과가 바로 나오는 경우는 없다. 창의적인 결과는 내부에서 숙성과정을 거치고 성장을 하다가 어느 날 튀어나오는 것이다.

넷째는 문제해결을 위한 지식과 자원의 축적이 필요하다. 어떤 문제점을 해결하기 위해서는 일정수준의 지식과 자원의 축적이 반드시 필요하다. 그것이 없으면 문제해결은 불가능하다. 미적분 문제를 앞에 둔 유치원생은 아무리 고민하더라도 그 문제를 풀지 못하는 것과 같은 이치이다. 한동안 일본과 한국을 모방의 대가라고 비판하는 사람들이 많았지만 모방이라는 단계 없이 선진기술을 따라잡고 창의성을 발휘하는 것은 불가능하다. 모방은 곧 지식과 자원의 축적이기 때문이다.

다섯째는 난관으로부터의 압박이 필요하다. 우리는 스트레스에 대한 압박을 싫어하지만 이러한 압박이 없이 무한한 시간이 주어진다면 창의적인 생각은 결코 나오기 힘들다. 데드라인으로부터 오는 압박감과 긴장감은 생각의 혁명에 반드시 필요한 요소이다.

이른바 현대는 지식의 시대이다. 창의적인 아이디어와 생각이 부를 창출하고 직업을 만들어낸다. 그런 만큼 모두가 어떻게 하면 좀 더 기발한 생각과 창의적인 발상을 할 수 있을지를 고민하며 매일을 살아간다. 생각의 혁명을 위해서 무엇보다 필요하고 근본적인 원칙은 일 자체를 좋아해야 한다는 것이다. 무작정 열심히 하는 것보다는 올바르게 하는 것이, 올바르게 하는 것보다는 일 자체를 좋아하고 즐기는 것이 창의적인 생각을 이끌어내는 데 가장 중요한 원칙임을 기억하자.

PART 4

"도약기 13년"

독립선언을 위한 준비기

발전기 10년의 전문가 과정 이후의 자기 독립을 위한 준비기간이다. 회사를 떠나거나 직업을 바꾸는 것만이 독립이 아니다. 자기 분야에서 사업가적인 기질을 배우고 발휘해야 한다. 바로 그것이 도약을 위한 진정한 독립이다.

산업사회의 정보화 추세에 따른 기업의 경쟁우위 확보의 필수요소인 정보기술을 이해하고 정보기술을 활용하여 현대기업의 경영관리와 효율적인 업무수행에 필요한 정보의 수집, 저장, 관리, 조회, 요약, 분석할 수 있는 경영 정보 기술인의 양성을 목표로 한다. 도약기에는 이러한 직업과 경험을 가능한 단시간에 습득하고 자기의 것으로 만들어야 한다.

기업의 경영활동을 이해하고 분석할 수 있는 능력과 경영활동에 대한 이해를 바탕으로 정보기술의 응용 기회를 포착하여 이를 구체화할 수 있는 능력을 배양하고 또한 경영정보시스템의 분석, 설계, 개발에 필요한 제반 이론을 접하고 관련된 기술요소를 익힐 뿐 아니라 실습을 병행할 수 있는 도약의 준비기간이며 자기 것으로 만들어야 할 시기이다. 이러한 기간에 구체적인 목표는 다음과 같은 내용을 담아야 한다.

첫째는 관련 산업 및 분야의 정보기술 및 경영관리 분야의 핵심적인 지식의 습득이며 둘째는 핵심 비즈니스 프로세스 및 경영관리 기법에 대한 이해이다. 셋째는 정보시스템 이해 및 활용 능력의 함양이며 넷째는 첨단 IT 능력의 배양 및 체질화이다.

경영의 핵심은 조직의 문제점을 정확하게 파악하고, 그 문제를 해결하기 위한 조직과 사람을 얼마나 효율적으로 관리하고 주도하느냐에 있습니다. 바로 도약기에는 프로로의 지향하에 인간경영, 경영환경에 맞는 리더십의 변화 등을 학습하고 리더십 향상과 조직관리 능력을 배양하여야 한다.

자기 자신을 철저히 파악하라

인간은 반성의 동물이다. 자기의 능력과 위치, 영향력 등 자기가치를 정확히 판단하라. 정직하고 객관적인 평가만이 당신을 발전적으로 개선시킬 수 있으며 성공적인 미래를 만들 수 있기 때문이다.

'너 자신을 알라'는 소크라테스의 말처럼, 자신의 감정이나 동기를 정확하게 이해하는 것은 이상적인 인성의 핵심요소이다. 그리고 자기 자신을 올바르게 이해하는 사람은 자기 자신을 존중하고 수용하는 경향이 있다. 이는 물론 지나친 자기애(narcissism)나 이기적 품성과는 다른 것이다.

'너 자신을 알라'는 의미는 각자가 처해 있는 형편이나 여건 변화에 상관없이, 자신이 원하는 인생을 살아가고 또 이에 필요한 커리어를 쌓기 위해서는 먼저 자아성찰과 같은 근본적인 자기진단 과정이 필요하다. 타인에게 도움을 받을 수는 있겠지만 가능하면 스스로의 힘으로 자신의 진로나 필요한 커리어가 무엇인지 찾아내는 것이 훨씬 더 만족스러운 결과를 가져올 것이다.

살아가면서 실패의 경험과 좌절을 볼 수 있다. '실패를 딛고 일어서라'는 자신만의 분명한 커리어를 획득하기 위한 원칙은 자신의 실수나 실패의 원인이 무엇이었는지 학습하고, 미래의 학습 곡선을 지속적으로 그려 나가는 일이다. 자신의 반성을 통해 지속적 학습은 일과 삶의 질을 개선해 나가는 데 도움이 되는 새로운 기술과 경험, 통찰력을 계속적으로 획득해 나가는 과정이다.

자기 자신을 정확히 파악하기 위해서는 예측된 위험을 할 필요가 있다. 자기 자신에게 냉정한 태도를 가져야 한다. 자신의 삶과 커리어를 분명히 하기 위해서는 때로는 위험을 감수할 줄 알아야 한다. 우리는 위험이 닥쳤을 때 적극적으로 위험에 맞서 싸울 수도 있고 그 위험을 회피할 수도 있기 때문이다.

자신의 경제사정을 보자. 돈에 관한 균형 잡힌 사고를 가질 필요가 있다. 인간의 욕심은 한이 없다. 다음의 원칙은 돈이란 어떤 의미이며 얼마나 많은 돈이 있어야 충분하다고 생각되는지 이해하는 것이다. 돈이란 우리가 이루려고 하는 삶과 커리어를 성취할 수 있도록 해주는 수단, 즉 도구에 불과하다는 사고를 항상 가져라.

'헝그리 정신'이라는 말이 있다. 가난한 가정에서 자라난 소년이 "꼭 부자가 되고 말 테야!"라고 결심하고 노력하여 성공한다. 뭔가 심하게 결핍되어 있는 부분이 있으면 강력하게 그것을 원하는 것이다. 자신이 무엇을 원하는지 확실히 안다. 그런데 지금은 여러 가지로 풍족한 시대가 되었다. 지금 '헝그리 정신'이라고 하는 것은 과연 얼마만큼이나 남아 있을까? 뭔가 자신에게 부족하다는 생각이 들면서도 뭐가 부족한지는 잘 모른다. 그것이 무엇인지를 발견하려고 고민하고 있는 사람이 많다. 그것은 자기를 잘 파악하고 있기 때문이다.

또한 인간에게는 분발할 이유가 필요하다. 분발할 이유도 없는데 분발하는 사람은 없다. 그러나 임시방편으로 만들어진 이유로 인간은 움직이지 않는다. 다른 사람이 부여해준 목표로는 그다지 분발하지 않는다. 자신의 내면에서 '어떻게 해서든 이것을 가져야지'라고 마음에서 솟아나는 것이 없으면 정열을 기울이고 충실을 기하지 않을 것이다. 때때로 정열을 기울일 수 있는 대상과 만날 수 있는 사람은 행운이다. 그러나 아직 만나지 못해 숨 막혀 하는 사람도 행운이다. 왜냐하면 숨이 막히면 막힐수록 자신이 정말로 무엇을 원하는지 확실하게 알 수 있기 때문이다.

따라서 '당신이 누구인가'를 먼저 파악하고 '당신이 원하는 것을 하라! 그것이 당신의 에너지를 북돋운다.' 많이 들어본 말이고, 우리는 그렇게 해야 한다는 것을 알고 있다. 하지만 문제는 우리가 진정으로 바라는 것이 무엇인지 잘 모르는 경우가 많다는 것이다. 그러나 조급해 할 필요는 없다. 당신은 바로 지금 당신이 진정 하고 싶은 것을 찾아나가는 길 위에 서 있기 때문이다. 다양한 경험을 하면서 당신이 어떤 상황에서 어떤 느낌을 느끼게 되는가를 잘 살펴보라. 당신이 진정으로 바라는 것은 이제 서서히 그 모습을 드러내게 될 것이다.

자신의 가치관에 자부심을 가져라

사회생활 발전기 10년 동안에 형성된 가치에 자기 자신을 철저하게 파악하고 정리하였다면 자부심과 책임감을 가져라. 그것이 바로 당신의 삶을 끌어나가는 원동력이자 이정표이다.

당신의 열정과 감정적 몰입을 이끌어 내기 위해서는 자기가 치의 재평가를 통한 자부심(pride)이 반드시 필요하다. 자부심이란 '특정 대상을 자랑스럽게 느끼는 감정'이다. 자부심의 대상은 여러 가지가 있을 수 있다. 함께 일하는 동료나 상사, 회사의 오랜 역사와 전통, 제품과 서비스, 회사가 활동하는 지역사회 등 다양한 요소들이 구성원들이 자랑스럽게 생각하는 자부심의 대상이 될 수 있다.

예컨대, Microsoft사의 구성원들은 자사 제품을 'Change the World'라고 여길 만큼 상당한 자긍심을 갖고 있으며, 함께 일하는 동료들을 세상에서 가장 부지런하고 열심히 일하는 사람들이라고 여기고 있다. 세계의 브랜드를 갖고 있는 삼성은 세계여러 나라의 봉사활동을 통해 자신들이 지역 사회의 삶의 질을

높이고 있다는 점에서, 한국의 NGO들은 정부정책수립에 기여
하고 있다는 전통에 대해서 구성원들이 상당한 자부심을 갖고
있다고 한다.

이처럼 특별한 회사, 자랑스러운 회사에서 일한다고 생각하
는 구성원들로 가득 찬 조직은 지속적으로 성장할 가능성이 높
다. IBM의 전 회장인 토마스 왓슨(Thomas. J. Watson)은 "우리가
단지 평범한 회사에서 일하고 있다고 생각한다면, 우리는 그저
평범한 회사에 머물고 말 것이다. IBM은 특별한 회사라는 인식
을 가져야 한다. 일단 당신이 그런 의식을 가지게 되면, 그것을
실현하기 위해 계속 힘을 내서 일할 수 있다."라고 말하면서, 자
부심의 중요성을 강조한 바 있다. 이처럼 사람들의 마음을 사로
잡는 자부심은 강력한 동기부여 수단이 되는 것이다.

자부심의 가장 큰 효과 중 하나는 자기통제(self-control)를 가
능케 한다는 것이다. 마음으로부터 회사에 대한 애착과 자긍심
을 갖고 있기 때문에, 특별한 규정이나 규율이 없더라도 스스로
회사가 지향하는 바에 따라 생각하고 행동하게 한다. "나는 구
성원들에게 자부심을 북돋아주기 위해 노력한다. 나는 사람들
이 시키는 대로 일하는 것은 바라지 않는다. 그들 나름대로의
기준을 가지고 일하길 원한다."라는 존슨 앤 존슨(Johnson &
Johnson)의 CEO인 랄프 라슨(Ralph Larsen)의 말을 보면, 자부심이

자기통제에 상당한 영향을 줄 수 있음을 알 수 있다.

회사와 일에 대해 자랑스럽게 여기고 주도적으로 일하는 사람은 그렇지 않은 사람에 비해 탁월한 성과를 발휘할 수 있다. 유명한 경영학자인 카젠바흐(Katzenbach)는 북미 GM 공장에 있는 75명의 관리자들을 대상으로 회사에서 일선 현장 사원들에게 동기부여하는 20가지 요소에 대한 설문을 실시한 바 있는데, 자부심이 1순위로 나타났다고 한다. 이러한 결과를 바탕으로 자부심을 가장 중요한 동기부여 요인으로 선택한 관리자와 그렇지 않은 관리자들의 성과(안정성, 생산성, 인재 육성, 품질, 비용)를 분석했는데, 전자의 경우가 후자에 비해 보다 높은 성과를 보였다고 한다.

인간은 사회적 존재로서의 자기성취 욕구를 가지고 있으며, 이는 사회 내에서 끊임없는 자기계발을 통한 자아실현의 과정으로 나타난다. 참여는 곧 소외로부터 벗어난 사회적 정체성의 획득을 의미하고 그 자체가 자아실현의 통로가 되는 본래적 가치, 실제 참여과정을 통하여 참여자의 자기 계발이 이루어지는 자기계발 가치, 또한 참여는 사회구성원 스스로의 이익을 보호하는 한편 그 사회의 민주주의 발전을 심화하는 수단으로 기능한다는 도구적 가치로서 이상의 세 가지는 각각 분리된 것이 아니라 상호 긴밀히 연관되어 있다.

자신의 가치와 존엄에 대한 자각과 자부심이 역사적으로 개인의 존엄성이 존중되는 사회, 즉 민주주의를 향한 아마도 가장 강력한 정서적 동력으로 작용하여 왔다는 사실을 상기한다면 이 본래적 가치가 결코 개인의 영역에 머물지 않음을 금방 알아차리게 될 것이다.

잘하는 것과 하고 싶은 것의 차이를 인식하라

당신이 원한다고 다 이룰 수는 없다. 잘하는 것과 하고 싶은 것을 명확히 해야 자기발전을 위한 계획을 세울 수 있다. 그리고 하지 못할 일은 포기할 줄 아는 용기도 가지자. 신은 세상의 모든 것을 다 할 수 있는 무한한 생명을 주지 않았다.

사회생활을 하면서 가장 중요한 것은 가장 좋아하는 것이 사람이 되어야 한다. 세상을 살아오면서 이것을 많이 잊고 살지 않았나 되돌아보아야 한다. 세상은 사람이 없으면 존재하지 않는다고 믿는다. 물론 사람이 없더라도 다른 생명체가 생기겠지만, 그것은 나와는 상관없다고 믿어야 한다.

당신은 10년이 지나면서 역할이 상승됨에 따라 회사에서 부서라는 조직단위를 맡게 된다. 기술력, 정보력, 조직력, 팀리더의 능력 다 중요하지만 제대로 된 부서로 인정받고 끌어나가기 위해서는 주어진 일을 원만하게 수행하고 있는 '사람'이라는 것이 가장 중요하다는 결론을 얻게 된다.

잘하는 일을 강하게 하려면 개인적으로는 두 가지의 원칙을 세워야 한다고 생각한다. 한 가지는 죽어도 지켜야 하는 나만의 신념들, 그리고 두 번째는 경우에 따라서는 탄력적으로 행동할 수 있는 원칙들이 필요하다.

이 시점에서 당신의 나이를 돌아보라. 삶은 각 시점마다 독특한 질감을 가지고 있다. 수련단계의 마지막에 다가오는 40세라는 나이는 아마 8월 말이나 9월 초쯤의 들판과 같다. 여름처럼 푸르고 뜨거울 수는 없다. 그러나 아직도 푸르고 뜨겁다. 여름은 오만하다. 오만하지 않고 어떻게 그렇게 푸르고 뜨거울 수 있겠는가? 이때 푸르지 못한 사람은 영원히 푸르러 볼 기회를 갖지 못할 것이다. 그리고 앞으로 숨 가쁘게 뜨거워 보기도 힘들 것이다. 마흔 번도 넘는 계절의 순환을 겪으며 내가 느낀 것은 여름이 없이 가을도 없다는 것이다. 좋은 여름만이 좋은 가을을 만든다.

다음은 하고 싶은 일에 대해 생각해보자. 상징적으로 변화를 규정하는 두 개의 점은 '현실'과 '꿈'이다. 도착점이 출발점보다 못한 변화는 부정적인 변화이다. 개인에게 이런 변화는 불행이다. 현실보다 낮은 수준의 꿈을 꾸는 사람은 없다. 경제적으로 혹 지금보다 당장 벌이가 못한 선택을 하게 되더라도 그것은 다른 점에서 그만큼을 보상할 수 있기 때문에 취해진다. 더 나은 경제성을 위한 준비 기간일 수도 있고, 혹은 개인의 내면적 만족을 위한 것이기도 하다. 꿈은 늘 현실을 떠남으로 도달할 수 있는 보다 나은 사이버 리얼리티(cyber reality)이다. 꿈이 이루어지는 않는 이유는 꿈이 없기 때문이다. 꿈을 꾸는 사람들이 꿈을 이루는 데 여러 번 실패할 수는 있지만 그것은 그저 성공에 이르는 과정에 지나지 않는다. 언젠가 그들은 꿈을 이루게 된다.

하고 싶어 하는 절박함은 그러므로 꿈을 가지고 있는 사람에게만 생겨난다. 현실과 꿈 사이의 간격에서 꿈을 향해 움직여갈 때 생겨난다. 현실밖에 없는 사람은 절박하지 않다. 그들에게 삶은 그저 지루하고 짜증스러운 반복과 연속일 뿐이다. 그들에게는 도달해야 할 꿈이 없다는 것은 오직 현실이라는 한 점밖에 존재하지 않기 때문에 움직일 수 없기 때문이다. 그래서 스스로의 변화는 불가능하며 외부의 변화가 밀려오면 속수무책으로 당할 수밖에 없다. 그리고 어찌할 수 없게 되었을 때 후회할 뿐이다. 그런가 하면 꿈밖에 없는 사람도 있다.

자기완성을 위하여 하고 싶은 것을 향하여 매진하는 것은 지금 서 있는 곳에서 꿈꾸는 곳으로의 이동과 마찬가지로 힘든 과정이다. 그 간격을 극복하는 것은 산을 오르듯 높은 곳으로 움직여 가는 것이기 때문에 많은 에너지가 필요하다. 물론 잘하는 것과 하고 싶은 것이 일치한다면 그 이상 바랄 것이 없기도 하다.

힘은 밖에서 오지 않는다. 모든 자연 속에 신이 존재하듯 이 신은 우리의 속에 있다. 그래서 힘은 안으로부터 온다. 우리는 하나님의 형상대로 만들어졌고, 우리가 곧 부처이다. 이것이 곧 우리가 스스로 오만해 질 수 있는 이유이다. 자기를 세우지 않고는 자기를 찾을 수 없다. 스스로 머리 깎고 벽 앞에 앉지 않고 공부가 시작되지 못하며, 백척간두에서 다시 한 발을 내딛는 시퍼런 마음 없이 정진할 수 없다. 잘하는 일이 하고 싶은 일인 것처럼…….

당신이 성공할 수 있다는 자신감을 가져라

자신이 할 수 있다는 생각과 자부심은 얼마나 행복하고 건강하며 부유하고 오래 살 것인지를 알려주는 최고의 척도이다. 또한 낙관적이고 긍정적일수록 더 많은 에너지와 열정을 얻게 된다.

인생은 자신이 향상될 때에만 향상된다. 내가 없는 나의 인생이란 존재하지 않는다. 자신의 외부 세계는 자신의 내적인 세계를 항상 반영할 것이다. 이 때문에 자신의 외부 세계의 질을 향상시키고자 한다면 자기 자신에 대해 연구해야 한다. 자신이 어디에서 왔는지는 중요하지 않다. 오로지 자신이 어디로 가고 있는지가 중요하다.

잘할 만한 가치가 있는 것은 무엇이든 처음에는 제대로 가치를 느끼지 못했다. 모든 것은 쉬워지기 이전에는 어려웠다. 자신은 자신의 선택권 안에서, 즉 자신이 활용할 수 있도록 잘 개발한 대안의 한계 안에서 자유롭다. 인간의 가장 큰 장점 중 하나는 개인적 자유다. 개인적 자유는 자신의 선택에 의해 결정된다. 자신이 갖는 선택권이 더 많을수록 자신이 갖는 자유와 자신감도 더 커진다.

경험하는 모든 문제나 어려움 속에는 그와 맞먹거나 그보다 더 큰 이익이나 변화의 씨앗이 있다. 모든 문제 속에서 선을 찾아라. 자기 자신을 위해 정해놓은 어떤 목표라도 그것을 성취하기 위해 배울 필요가 있는 것은 무엇이든지 배울 수 있다. 자신이 몸담고 있는 분야의 정상까지 올라가기 위해 필요한 어떤 종류의 지식도 획득할 수 있고, 어떤 종류의 기술도 개발할 수 있다. 자신의 현재 상태나 할 수 있는 것에 대한 유일한 실제 한계는 자신의 마음속에서 정하는 한계일 뿐이다. 셰익스피어는 이렇게 말했다. "아무것도 존재하지 않는다. 그러나 생각이 그것을 그렇게 만든다."라고……

펜실베이니아 대학의 마틴 셀리그만(Martin Seligman) 교수는 20년 동안 35만 명 이상의 사람들과의 인터뷰를 통해 대부분의 시간 동안 그들이 어떤 생각을 하고 있는지를 알아내고자 했다. 그는 베스트셀러인 『낙관적인 사람이 인생에서 성공하는 이유(Learned Optimism)』에서 그 결과를 정리하고 있다.

셀리그만이 발견한 것은 성공한 사람들의 두드러진 특징이 낙관주의라는 것이었다. 성공한 사람들은 대부분의 시간을 보통사람보다 훨씬 더 낙관적으로 보낸다는 것이다. 자신이 얼마나 낙관적인가는 얼마나 행복하고 건강하며 부유하고 오래 살 것인지를 알려주는 최고의 척도이다. 낙관적이고 긍정적일수록 더 많은 에너지와 열정을 얻게 되며 면역체계는 더 강해져 질병과 전염병에 대한 저항력 역시 커지게 된다. 그래서 좀처럼 병에 걸리지 않게 되는 것이다. 수면시간을 더 줄여도 거뜬하며 하루 종일 더 많은 정신적이고 육체적인 에너지를 가지고 생활할 수 있게 된다.

또 낙관적일수록 더 창조적인 사람이 된다. 끊임없이 훌륭한 아이디어를 생각해 내게 되며, 자신의 목표에 훨씬 더 빨리 다가갈 수 있게 도와줄 새로운 가능성을 알게 된다. 생활의 모든 부분에서 낙관적인 사람이 되겠다고 결심하는 것은 어떤 다른 특성보다도 자신의 성공과 행복을 이끌어내는 데 더 큰 기여를 하게 될 것이다.

정신적 건강과 육체적 건강은 어떤 점에서는 비슷하다. 육체적으로 건강해지고 싶다면 육체적으로 트레이닝을 해야 한다. 머리부터 발끝까지 최대한의 건강을 얻고 싶다면 신체의 여러 부분을 훈련시키는 것이 필요하다. 낙관주의의 수준은 정신적 건강의 수준과 같은 것이라고 생각할 수 있다. 이런 형태의 정신적인 건강은 모든 일을 긍정적으로 생각하는 정신 운동을 되풀이해서 반복하면 얻을 수 있다. 그러면 자신에게 일어나는 어떤 일이라도 자동적으로 긍정적이고 건설적으로 대응하게 된다.

이러한 낙관주의가 되기 위한 연습을 통해 당신은 당신의 생각과 감정을 효과적으로 조절하여 보다 건강하고 윤택한 생활을 할 수 있게 된다. 낙관주의자가 되기 위한 연습은 바로 지금, 이 순간부터 가능하다. '당신은 지금 어떤 상황에 처해 있습니까? 그리고 그 상황에 대해서 어떻게 생각하십니까?'라는 질문을 던져 보자.

오늘부터 당신은 조금씩 조금씩 연습해 봄에 따라 당신은 점차로 자신감을 지닌 낙관주의자로서 자신의 감정을 컨트롤할 수 있어야 한다. 당신의 삶은 스트레스 없이 점점 더 풍요롭고 성취지향적으로 변해가게 될 것이다. 그리고 성공할 수 있다는 자신감을 갖게 될 것이다.

문제를 정확히 파악하는 기술을 가져라

문제를 정확히 파악하는 것이 시행착오의 최소화와 최상의 의사결정을 위한 선결과제이다. 이러한 선결과제 없이 좋은 대안이 나올 수 없다. 따라서 최선의 해결책은 정확한 문제파악에 있다.

개인과 프로세스, 그리고 조직 전체를 위한 성과 향상 프로그램들은 항상 지속적으로 이루어지고 있다. 하지만 그러면서도 정작 원하는 결과를 얻지 못하는 경우가 매우 흔하다. 이는 정확한 문제파악 없이 해결책을 내 놓았기 때문이다.

미국 미네소타 대학의 교수인 리처드 스완슨(Richard A. Swanson)이 『성과향상을 위한 분석(analysis for improving performance)』에서 이야기하는 내용의 일부를 보면, 많은 성과향상을 위한 프로그램들이 제대로 효과적으로 수행될 수 있도록 사전분석의 중요성과 시스템적 사고를 강조하고 있다.

성과향상 노력이 성공하기 위해 중요한, 그렇지만 자주 무시되어온 요소는 바로 사전분석(up - front analysis)이다. 성과향상을 위한 프로그램을 개발하거나 실행하는 관리자들은 다음의 사항을 명심해야 한다는 것이다.

- 조직의 실제 사업 니즈(needs)와 이를 위한 지원 시스템의 현황을 평가하라.
- 필요한 작업자의 기술이나 지식, 자세를 분석하라.
- 성과 요구사항이나 평가기준을 명시하라.
- 포괄적인 성과향상 설계를 수행하라.

사전분석이란 바로 진단(diagnosis)과 같은 것이다. 병원에서와 마찬가지로, 적정한 진단을 하지 않으면 기업에서도 종업원 성과향상을 위한 처방을 결정할 수 없다. 그러나 현실에서는 많은 기업과 조직들이 이러한 진단 없이 성과향상을 위해 노력하고 있다.

성과향상을 위한 조직의 노력은 인적자원 개발, 품질향상 프로그램, BPR, 성과 Technology 이용 등 다양한 방법을 포괄한다. 이러한 프로그램의 목적은 가치를 제고하는 것이다. 그러나 일반적으로 성과향상 노력은 독립적인 활동이 되어 버려서 핵심적인 조직의 투입물이나 산출물과는 별도로 떨어져 있으며 또한 사업성과 수단과 직접적 연관이 없이 이루어지고 있다.

다음은 문제파악을 위한 기술을 정리해 보자. 제일 먼저 문제의 인식과 더불어 문제를 몇 개의 요소로 분해하여야 한다. 문제를 몇 가지의 덩어리로 분리하고 문제덩어리 간의 우선순위를 설정한 다음 개별문제에 대해 책임자를 선정할 필요가 있다. 물론 개인의 경우는 스스로가 책임자가 되는 것이다.

문제해결의 완벽성 유지를 위해서는 많은 부문의 문제를 분석함과 동시에 완벽히 해결하여야 하며 문제의 분리는 맥킨지의 문제점 해결방식인 MECE(Mutually Exclusive Collectively Exhaustive: 서로 겹치는 부분이 없으며, 모아 놓으면 완전히 커버한다는 의미)를 이용하는 것이 좋다. 그리고 조직의 경우 팀 내에는 문제해결 프레임 워크(frame work)에 대한 상호 이해가 형성되어야 한다. 문제를 구조화하고 논리를 구성하는 데 집중하여 가설지향적, 결과지향적 자세를 유지하며 가설과 데이터 사이를 자주 뛰어넘어야 한다. 그리고 분석은 최대한 간편하게, 상세분석하기 전에 중요도를 먼저 결정하는 것이 좋다. 몇 가지 원칙을 살펴보자.

첫째, 파레토(Pareto) 법칙 즉, 80/20 법칙을 항상 명심하고 데이터를 전문가로부터 얻어야 한다. 전문가의 손에 핵심내용이 있다. 그리고 새로운 데이터를 보았을 때 유연하게 수용하여야 한다.

둘째, 팀원과 좋은 아이디어를 공유하여야 하며 장애물은 사전에 예방하고 창의성 발휘에 주저하지 말아야 한다. 그리고 숫자에 집착하지 말고 어떤 질문에 답하고 있는지를 생각하라. 특히 꼬리에 꼬리를 무는 방식을 택하지 않는 것이 좋다. 지나친 의문은 오히려 원인 분석이 되지 않는다. 만고의 진리는 진리로써 받아들여야 한다.

셋째, 숲을 보아야 한다. 겉만 화려한 실속 없는 내용에 보다 조심을 해야 한다. 도서관 데이터보다 더 명확한 방향성을 추구하라. 그것이 원만한 해결의 시작이다.

넷째, 당신의 가설은 바로 부정될 수 있음을 명심하라. 항상 필요한 의문점을 가지고 일을 대하여야 한다. 그리고 바로 앞에 닥친 일에 주목해야 한다. 문제는 현상에서 나타나기 때문이다. 따라서 혁신적인(breakthrough) 사고를 추구하는 것이 바람직하다.

이렇게 선택된 문제에 대해 당신은 문제를 정의하고 이슈의 분해를 통해 중요하지 않은 다수의 이슈를 제거하게 된다. 그리고 워크플랜(work plan) 수립을 이행하고 분석을 수행하며 발견점(finding)을 종합하여 논지를 구성한 다음 스토리(story) 정리를 하라. 이것이 해결을 위한 최소의 과정이다.

혼자서 고민하지 말고 여러 사람과 대화하라

세상은 혼자만의 삶이 아니다. 그리고 당신의 직업을 바로 보는 것은 제3자일 수도 있다 따라서 타인과의 설득력 있는 대화를 통해 갈등의 해결과 생산적인 삶의 운영방식을 배워라. 바로 인생 성공의 좋은 지침서이다.

사람을 리드하기 위해서는 잘 듣고, 효과적으로 설명해서 설득할 수 있어야 하며, 효과적으로 논박하여 토론을 즐길 수 있어야 한다. 조직에서의 조화와 리더십이란 집단의 목표나 내부 구조의 유지를 위하여 구성원이 자발적으로 집단 활동에 참여하여 이를 달성하도록 유도하는 능력이라 말할 수 있어야 한다.

현대사회에 설득하고 경청하고 논박하는 기술에 대한 책이 계속적으로 빠지지 않고 나온다는 것은 그만큼 우리는 소통의 문제 때문에 앓고 있다는 것과 일맥상통한다. 또한 우리의 일상이 대화 즉, 커뮤니케이션이다. 일반적으로 말하기 방식에 대한 책은 많이 나오지만 남의 이야기를 잘 들어주는 경청의 기술에 대해서는 상대적으로 드문 것이 사실이다. 듣기보다는 말하기를 좋아하고 남의 말 듣기보다 자기의 의견과 주장 내세우기를 좋아한다는 것을 나타내는 것이다. 사람과의 관계에 항상 갈등과 반목과 오해가 많은 것은 그만큼 충분히 의사소통이 잘 안 되고 어려움이 있다는 것이다.

아직도 한국은 그동안 교육개편, 고객만족을 위한 내외고객의 의견 청취하기 등을 통하여 자기주장을 펼 수 있는 기회를 만들어 주는 문화를 추구하고 있다. 물론 최근에는 지나친 요구와 목소리가 사회 전체의 원만한 흐름의 파괴를 가져다주는 것도 허다하게 나타나고 있다. 또한 직장과 직업에서도 마찬가지이다. 토론문화의 성숙도를 위해서는 설득, 경청, 논박의 기술로서 활발한 토론문화의 정착과 성숙한 조직문화를 이루어야 한다. 그리고 상대방의 말을 칭찬하는 기술이 대단히 중요한데 이는 상대방의 마음을 감동시키고 동기를 부여하는 유용한 기술이기 때문이다.

일반적으로 커뮤니케이션을 정의하고 방법을 제시하는 5가지 커뮤니케이션이 있다. 첫째는 스트로크(stroke), 둘째는 레이블링(labeling), 셋째는 말하기(speaking), 넷째는 경청(listening), 마지막으로 질문(question)이다.

스트로크의 사전적 의미는 '보트에서 노를 젓는 한 번의 동작, 수영에서 손으로 물을 끌어당기는 동작'이나 '쓰다듬다, 어루만지다'이다. 상대방에게 초기에 신뢰를 주는 좋은 방법 중의 하나이다. 커뮤니케이션에서는 서로 간에 주고받을 수 있는 모든 반응을 의미한다. 레이블링은 상대방이 경청하게 만들고 대화의 주도권을 갖게 하며 특히 상대방에게 내가 던진 질문의 대답을 회피하지 않도록 하는 것이다.

말하기는 가장 많은 비중을 차지하며 레이블링, 스트로크 그리고 질문 등이 말하기에 포함된다. 경청은 말하기와 마찬가지로 중요한 기능을 하며 상대방의 말을 잘 들으라는 의미로 경청할 것을 강조한다. 진정한 의미의 경청은 상대방이 하는 말에서 의견, 가정, 추측 등 감정을 구분하여 듣는 것이다. 가장 효과적인 커뮤니케이션을 위해서는 들으면서 스트로크를 사용하고 레이블링을 동원하면서 적절한 질문으로 상대방의 의도와 심중을 파악한 다음 진지한 자세로 말함으로써 설득을 이끌어내고 잘못을 집어내는 논박하는 프로세스가 필요하다.

서로 소통하며 사는 것 같으나 소통의 통로가 보이지 않는 어떤 것들에 의해 막혀 사람들은 힘들어 하고 갈등하고 오해하면서 살아간다. 올바른 커뮤니케이션의 방법을 배우는 것은 삶을 보다 유연하고 부드럽게 한다는 것이다. 대화에도 5등급의 대화법이 있다. 5등급의 대화는 그야말로 습관적인 대화법이며, 4등급은 자신의 감정이나 생각이 포함되지 않는 사실적 묘사의 단계이며, 3등급의 대화는 자신의 의견을 말하기 시작하는 단계의 대화, 2등급의 대화는 진정한 대화를 시작하는 단계이다. 그리고 1등급의 대화는 최상의 대화가 오고 가는 대화 그 자체이다.

경영관리 능력을 학습하라

경영관리란 무엇을 어떤 방법으로 생산할 것인가부터 상품의 가격 책정, 상품명의 선정, 광고 및 유통과정, 이윤에 대한 재투자 분석에 이르기까지 기업의 제반 의사결정을 그 내용으로 한다. 이러한 것들을 배워야 한다. 그리고 자기의 것으로 만들어야 한다.

한 개인이 전문적인 지식이나 기술을 갖게 되면 이를 사업화하고 원만하게 운영할 수 있는 경영관리능력이 필요하게 된다. 이러한 것들을 이론적으로 종합한 것이 경영학이다. 이러한 학습은 전문가의 길을 계속 걸어 나가는 사람에게도 필요하다. 그래서 깅버(Kingber)의 교육 중 10년차가 넘어서면 경영학과 관련된 과정을 경영학 관점에서 교육시키고 있다. 한마디로 기업경영에서 필요한 의사결정(decision making)에 관해 지식과 판단력이 필요하다. 무엇을 어떤 방법으로 생산할 것인가부터, 상품의 가격 책정, 상품명의 선정, 광고 및 유통과정, 이윤에 대한 재투자 분석 등 기업의 유지발전을 위한 의사결정 내용들이다.

기업이 운영되기 위해서는 누군가가 이 모든 일들을 어떻게 할 것인지 결정해야 한다. 그리고 기업이 망하지 않고 발전을

거듭하기 위해서는, 올바른 판단에 기초한 합리적이고 진취적
인 의사결정이 내려져야 한다. 이런 측면에서 본다면 10년이 지
난 후 도약기의 3년간에 이러한 의사결정 기술을 몸에 익혀야
하고 자기의 것으로 만들어야 한다. 물론 지난 10년 동안 이러
한 경영관리 등의 분야에 근무하거나 공부했던 사람은 예외이
기도 하다.

이 기간에 습득해야 할 경영관리는 생산의 주체인 기업이 어
떻게 하면 가장 적은 비용으로 가장 많은 생산을 이룩하고, 나
아가서는 회사의 이익창출과 기업의 사회적 역할인 국민생활에
도움을 줄 수 있는가를 항상 고려하여야 한다. 경영관리는 현대
사회의 중추적인 역할을 담당하고 있는 기업을 비롯한 각종 영
리조직 및 비영리조직체의 경영에 관한 일반논리 및 관리기술
을 종합적이고 체계적으로 교육하고 그 응용방법을 습득하게
함으로써, 미래사회의 지도자, 전문경영인으로서의 도약을 스스
로 준비해야 하는 것이다.

기업경영과정에서 부딪치게 되는 문제들은 다양하다. 우선
기업이 사람들로 이뤄진 조직인 만큼 사람들을 조직하고 관리
하는 문제가 있다. 무언인가를 만드는 기업일 경우 생산과정을
조직하고 관리하는 일도 중요하다. 또 기업은 자본이 있어야 움
직이므로 자금을 관리하는 분야가 필요하고, 돈의 씀씀이를 정

리하고 계산하는 분야도 있어야 한다. 생산한 물건을 판매하기 위한 조직도 필요하다. 따라서 어느 기업이라도 생산부, 자금부, 인사부, 영업부, 경리부 등의 조직 형태가 나타난다.

경영관리를 통해 배우는 과목은 회사의 기본적인 조직 골격과 일치한다. 경영전략, 생산관리, 재무관리, 인사관리, 마케팅관리, 회계학 등은 각각 회사 조직의 최고경영자, 생산부, 자금부, 인사부, 영업부, 경리부에 대응하고 있다. 이렇게 회사 경영과정에서 나타나게 되는 많은 문제에 대해 합리적으로 판단하고 최선의 결정을 내리도록 하기 위해 경영학은 많은 인접 학문의 도움을 받고 있다.

먼저 기업이 활동하는 환경인 시장과 경제에 대해 이해하기 위해 경제학의 도움을 받아야 하고, 기업경영의 합법적 테두리를 알기 위해서는 상법 및 세법 등 법학에 대한 기초가 필요하며, 조직관리와 영업활동을 위해서는 조직행동, 소비자심리 등을 다루는 심리학과 사회학의 도움을 받게 된다. 이처럼 경영관리는 기업 전반에 대한 살림살이를 끌어나가는 기본적인 업무지식으로 만들어져야 한다. 한편, 10년간의 전문가로 육성되다가 경영관리를 맡거나 필요한 경우 약간 당황하게 되는 것이 일반적이다.

많은 기업에서 **MBA**를 육성하거나 **MBA**자격을 갖춘 인재를 영입하기도 한다. MBA(master of business administration)는 경영학 석사를 말하는데 일반적으로 말하는 MBA는 이와는 약간 다르다. 즉, 경영대학원에서 경영에 대한 학문적 접근과 그것을 실제에 반영하는 모의훈련 등을 하는 과정, 즉 경영수업이라고 할 수 있다. 유학 갔다 온 모든 사람을 다 그렇게 부르는 것이 아니라 경영자수업을 하는 경영대학원 출신들을 그렇게 부른다고 생각하면 된다. 최근까지는 그 수요가 폭발적이었으나 지금은 출신들이 과다하고 또한 경제상황도 그다지 좋지 않아 그렇게 대접을 받지는 못한다고 한다. 자기계발을 위하는 것은 MBA만은 아니다. 스스로 배워가며 자기의 것으로 만들어 가는 것이 중요한 것이다.

“지존단계”

PART 5

"성숙기 30년"

삶의 질 향상을 위한 안정기

40대 전후부터 50세 중반(퇴직)까지는 가장 책임이 막중한 때이다. 자녀의 교육문제와 결혼에 대비한 사전준비 및 자신들의 노후대책, 그리고 보다 활동적인 사회적 지위를 영위하기 위한 노력을 아끼지 말아야 할 때이다. 당신의 시장가치를 극대화하고 평가받아야 한다. 평가의 결과는 당신의 몫이다.

당신은 13여 년을 숨 가쁘게 달려 왔다. 당신은 머지않아 40대가 될 것이다. 40대는 인생의 황금기이며 삶에 있어서 지존의 시작이다. 40대를 어떻게 보내느냐에 따라 뒤의 인생이 여러 가지 형태로 나눠진다. 그렇다고 20~30대의 생활이 중요하지 않다는 것은 아니다. 다만 40대는 우리 인생에 있어 그만큼 무게가 있는 시기이기 때문이다. Job's 마스터플랜에 있어서 가장 중요한 시기이며 모든 것을 이루어 놓아야 할 시기임에 틀림없다.

또한 40대는 가장 책임이 막중한 때이다. 자녀의 교육문제와 결혼에 대비한 사전준비 및 자신들의 노후대책, 그리고 보다 활동적인 사회적 지위를 영위하기 위한 노력을 아끼지 말아야 할 때이다. 20~30대에서 자기의 소망 목표를 달성하지 못하였다면 앞으로 남은 40대의 기간을 내 인생에 보탬을 줄 수 있도록 어떻게 유용하게 사용할 것인가 하는 데 대한 나름대로의 해답을 찾아야 한다. 그리고 반드시 이루어 놓고야 말겠다는 의지를 불태워야 한다.

'직장인, 직업인'은 누구든 될 수 있지만, '성공한 직장인, 직업인'은 아무나 되는 것이 아니다. 특히 인생의 균형을 맞추고, 오랫동안 성공의 열매를 즐길 수 있는 것 또한 아무나 할 수 있는 것은 아니다. 하지만 조금만 노력하고, 모든 것이 너무 익숙해져서 고칠 수 없을 때가 되기 전에 노력한다면 충분히 '성공'을 할 수 있다.

사실 13년차까지는 특별히 모나게 행동하거나, 정말 직장생활이 적성에 맞지 않더라도 웬만하면 직장을 다닐 수가 있다. 하지만 그 이후의 일반적인 정년까지의 17년은 장담할 수 없다. 10년 이상 직장생활을 하고, 회사를 자의 반 타의 반으로 나오는 직업인들이 결코 회사에 적응을 못하거나, 공이 없거나, 큰 잘못을 한 것은 아니다. 그들은 다만 새로운 역할에 적응하지 못하고, 진화하지 못했을 뿐이다. 아랫사람들을 잘 끌고 갔어야 한다거나, 윗사람과 화합할 줄 알았어야 하거나, 조금 더 지식을 쌓았어야 하거나, 조직의 흐름을 먼저 읽고 행동했어야 했거나, 사생활을 잘 관리했어야 할 뿐이다.

앞으로의 17년은 분명 위태로우면서도 해볼 만한 빅리그가 아닐 수 없다. 10년차가 지나면서 그 직장, 그 직업에서 실력은 인정받았다고 보는 것이 맞을 것이다. 이제 다른 면에서의 진검 승부가 이루어진다. 그리고 지금부터는 '봐주는 것'도 없다. 그리고 상대들은 다들 만만치 않은 사람들이다. 실력 없고, 발전하기 싫어하고, 프로의식 없는 사람들은 이미 사라졌고, 있다 한들 그들은 나의 상대들이 아니라는 각오와 정신무장이 절대 필요한 것이다.

이 시기는 자신의 과거와 미래, 그리고 세상을 보는 눈이 필요하고, 그것들의 균형을 맞출 수 있는 에너지를 비축하는 것이 필요하다. 그리고 스스로 변화를 시작하는 것이 필요하다. 내가 단 한 번도 의심하지 않았던 나의 업무습관이나 믿음, 그런 것들을 다시금 들여다볼 필요가 있다. 많은 대한민국 남자들은 일을 잘하려면 당연히 가정을 희생시켜야 한다고 믿어 왔다. '가정적인 남자=무능'의 등식이 성립했었다. 하지만 세상이 달라지고 있다. 가정을 잘 다스리고, 그로부터 진정한 행복과 에너지를 얻는 사람들을 멋있는 사람이라고 생각하고, 일도 잘할 것이라고 생각한다.

치열한 시장경쟁 속에서 생존하기 위한 강한 신념과 행동력을 지닌 자신이 되어야 한다. 또한 업무지식과 경험에 대한 과학적인 Skill과 고객관리 능력을 몸에 익혀야 한다. 주변의 사람들은 여러분의 경쟁자인 동시에 삶을 같이 가져가야 할 진정한 고객이기도 하다. 또한 생활 및 사회환경 변화에 대한 대응 능력을 기르고 목표의 달성을 유도한다. 그리고 최선을 다하자. 수련을 마친 사람으로 당당한 지존단계에 발을 디디자.

판단력을 향상시키는 기술과
생활습관을 가져라

결단력 있는 판단은 사람이 살아가면서 고민에 빠질 때 순간순간의 의사결정을 통해 삶을 영위해 나가는 삶의 방식이다. 당신은 이러한 학습을 통한 생활습관으로서의 변화가 필요한 것이다.

성공하는 사람들의 습관을 보면 오늘 해야 할 일들을 목록으로 작성했다. 모든 것이 이상적으로 잘 짜여 있다. 하지만 사무실에 앉아서 일을 시작하자마자 사장이 긴급한 프로젝트를 들고 나타난다. 그러면 당신은 자신의 일을 시작하기 전에 그것을 먼저 해결해야만 한다. 한참이 지났을 때 부인이 전화를 걸어 수도관이 터졌다고 말한다. 당신은 수리공의 전화번호를 찾아 문제를 해결해야 한다. 점심시간이 지났을 때 동료가 사무실에 돌아오더니 펑펑 눈물을 흘린다. 자신의 승진이 무산되었다는 것이다. 그러면 당신은 당연히 그를 위로해줘야 한다.

우리는 모두 긴급한 세상에서 살아가고 있다. 누군가 당신과 시간 약속을 잡고 싶어 한다. 언제? 당연히 지금 당장이다. 사업상 연락을 해 온 사람이 물어볼 것이 있다고 한다. 절대로 내일까지는 기다릴 수 없다고 한다. 당연히 지금 당장 시간을 내줄 것을 요구한다. 당신의 경우도 다른 사람이 곧바로 행동하기를 원하는 것과 같은 경우인 것이다.

당신의 하루를 머릿속에 쭉 한 번 떠올리면, 대부분의 경우 일의 우선순위는 다른 사람들에 의해 결정된다는 것을 알 수 있을 것이다. 그러한 독재체제에 더 이상 복종하지 마라. 바로 이런 이유 때문에 마음에서 저절로 우러나는 동기가 없는 것이며, 결과도 신통치 않다. 결국 하루 종일 일하고 밤이 되면 무언가 하긴 했는데 허무한 느낌만 남게 된다.

절대로 기다려 줄 수 없다며 당장 해결해야 할 일상의 수많은 긴급한 일들에 의해 우리의 하루는 이리저리 휘둘리고 만다. 그로 인해 정말로 중요한 우리의 장기적인 목표에 집중하는 것은 힘들어진다. 바로 눈앞을 가리고 있는 수많은 나무들로 인해 숲 전체를 볼 수가 없는 것이다. 하루하루 해결해야 하는 작은 일들과 그로 인한 압박감으로 우리가 정신없이 하루하루를 보내는 동안, 우리의 비전은 그 모습을 감춰 버리고 만다.

급한 일을 중요한 일과 혼동하는 사람은 삶의 비전에 조금도 가까워질 수 없다. 우리는 얼마나 자주 다른 사람들의 다급한 일을 처리하느라 하루를 완전히 소모해 버리고 마는가? 이러한 다급한 일을 모두 처리해주었다고 하지만 그 일이 반드시 중요한 일이었다고 말할 수는 없다. 그것은 대부분 우리의 소중한 시간만 빼앗아간 도둑으로 드러나는 경우가 많다. 그 소중한 시간을 중요한 일을 위해 전략적으로 투자할 수도 있었을 것이다. 우리는 스스로 결정할 필요가 있다. 많은 사람들은 자신이 환경에 의해 좌우된다고 생각한다. 즉, 내가 비만인 것은 우리 가족 모두가 비만이었기 때문이라고 생각하는 것이다. 그리고 그러한 생각을 유지하기 위해 많은 노력을 기울인다. 이러한 현상을 '자아성취적 예언'이라고 한다. 진지하게 식습관의 구조변화를 위해 노력하는 것이 아니라, 14일 정도 변화를 시도해보고 나서 포기하는 것이다. 그렇게 노력해야 하는 것에 대한 의미를 찾지 못했기 때문이다.

지금부터 당신이 모든 것을 스스로 결정한다면 안주의 영역에서 벗어날 수 있을 것이다. 판단력을 길러라. 먼저 생각하라. 안주의 영역에서 벗어나라. 올바른 우선순위를 정하고 당신의 삶이 발전할 수 있도록 도움을 주는 일에만 집중할 경우 당신이 어떤 느낌을 갖게 될지를 상상해보라. 당신에게 정말로 중요한 것은 무엇인가? 먼저 당신의 가치관에 있어서 우선순위를 정해야만 주위의 환경에 휘둘리지 않고 당신에게 정말로 중요한 일을 처리하며 보람을 느끼는 만족스러운 삶을 살 수 있다.

인간관계가 최우선이라면 당연히 그것에 우선순위를 부여해야 하고, 어떠한 목표의 성취가 가장 중요하다면 그것을 성취해 내는 것에 우선순위를 두어야 한다. 이것은 사람들마다 다르게 나타난다. 자신에게 중요한 것이 어떤 것인지를 아는 것만으로도 당신은 스스로 결정할 수 있는 힘을 회복하게 된다.

후회하지 않는 최고의 결정들을 하라

의사결정에 있어 시행착오는 다음 일을 지연시키는 것이다. 최고의 효율을 위해서는 최고의 결정을 하라. 성공을 위한 한 걸음의 의사결정은 많지 않은 중요한 의사결정과 행동에서 나온다.

'결정이 성공을 좌우한다!'는 말이 한 번에 수긍이 가지 않을 수 있지만, 우리가 하루에 100번 이상의 결정을 내리면서 살고 있고, 성공과 실패의 갈림길에서 올바른 결정을 내리는 능력이 우리 삶에 어떠한 영향을 미치는가를 살펴본다면 얼마나 중요한 문제인지 알 수 있다. 그리고 우리 앞에 놓인 희망, 꿈, 목표 등의 달성 여부도 모두 결정을 내리는 능력에 달려 있다는 사실은 더욱 중요한 문제이다.

결정의 달인이 되려면 결정이 성공을 좌우한다는 굳은 신념을 가져야 한다. 결론보다 과정에 집중하여 결론에 대한 후회 즉, '그때 다른 결정을 내렸더라면'이라는 아쉬움과 후회가 없어야 한다. 자기 자신의 역사를 바꾼 탁월한 성공의 결정과 치명적 실패의 결정을 알아보자.

첫째는 결정의 유형을 파악하여야 한다. 고려할 사항이 많은 복잡한 문제인가, 문제 해결이 필요한가, 기회 포착이 필요한가 등이다.

둘째는 결정의 청사진을 준비하여야 한다. 꼭 필요한 정보를 가려내는 결정의 기술에도 설계도가 필요하다. 그리고 많이 안다고 착각해서는 안 된다.

셋째는 직관력을 길러야 한다. 직관력이 탁월한 결정을 가져다주기 때문이다.

넷째는 상상력으로 선택의 폭을 넓혀야 한다. 현재의 답보다도 훨씬 만족스러운 완벽한 해답을 찾는 결정의 기술을 가져야 한다.

다섯째는 논리로 타당성을 검증하여야 한다. 이것은 논리적으로 해결책을 찾는 결정의 기술을 가져야 할 때가 있는데 직관만으로는 풀 수 없는 문제가 있다.

여섯째는 결정의 불확실성을 제거하여야 한다. 결정이 불러올 결과를 예상하는 기술이 필요하다.

일곱째는 협의를 통해 결정을 내려야 한다. 다수의 지지를 얻어 내는 결정의 기술이 필요하다.

여덟째는 결정의 장애물을 뛰어넘어야 한다. 실패의 씨앗을 없애는 결정의 기술을 육성시켜야 한다.

아홉째는 나를 알고 상대를 알면 결정이 쉬워진다. 당신은 어떤 유형의 의사결정자인가를 정확히 파악하여야 한다.

열째는 결정의 달인에게서 배워야 한다. 현명한 의사결정자의 특징을 살펴보면 결정의 타이밍을 잘 잡을 수 있다.

다음으로 무엇인가에 몰입해본 기억을 되새길 필요가 있다. 무엇인가에 몰입할 때 우리는 가장 행복하며, 가장 효과적인 성취를 얻어낼 수 있다. 몰입을 통해 우리는 주위의 모든 것을 잊어버리고 오로지 목표하는 바에만 집중함으로써 온 에너지를 그곳에만 쏟을 수 있기 때문이다. 이는 곧 엄청난 성과로 나타나게 된다. 『몰입의 기술』의 저자 미하이 칙센트미하이(Mihaly Caikszentmihalyi)는 자신의 일에 몰입하는 화가를 지켜보았을 때를 다음과 같이 묘사하고 있다.

> "나는 주제 연구를 하는 동안 이젤에 그림을 그리는 화가를 지켜보면서 사진을 찍었다. 그리고 작업이 잘 진행될 때, 그들이 무의식에 가까운 황홀경에 빠져드는 모습을 생생하게 지켜볼 수 있었다. 그것은 아주 놀라운 경험이었다. 일단 구도를 잡으면 화가는 완전히 몰입의 경지에 이르게 되는데, 그림에 대한 욕구가 너무나도 강렬해서 피로, 배고픔, 불편함 등은 전혀 문제가 되지 않았다."

그들은 어떻게 자신이 하는 일에 그처럼 매료될 수 있었을까? 동기화에 관한 주요 이론이 제시했던 대답은 그다지 설득력이 없다. 예를 들어, 행동주의 심리학에 의하면, 예술가들이 그림을 그리는 데 신들린 것처럼 매료되는 이유는 보상을 바라기 때문이라는 것이다. 하지만 그들을 관찰해보면 화가들이 작업이 끝난 캔버스에 대해서는 즉시 흥미를 잃어버린다는 사실을 알 수 있다.

결국 사람들이 하는 모든 행위는 외적인 보상 때문이 아니라 행위 그 자체가 좋아서 하는 것들이다. 다양한 예술(음악, 무용, 노래, 비주얼 아트, 드라마 등등)을 비롯하여 야구나 암벽등반, 행글라이딩에서 동굴탐험에 이르기까지 스포츠도 그러했고, 태그와 브리지, 숨바꼭질에서부터 체스에 이르기까지 게임들도 그와 마찬가지였다. 시간을 보내기 위한 다양한 놀이 역시 그러했고, 소설책을 읽거나 음악을 듣는 행위 역시 그와 다르지 않았다.

후회를 하지 않는 최고의 결정을 위해서는 몰입의 상태에서 행위란 행위자가 의식적으로 개입할 필요가 없는 내적인 논리에 따라서 행동이 연결되어야 한다. 행위자는 한 순간에서 다음 순간으로 이어지면서 통합된 몰입으로서 행동을 경험하게 된다. 몰입의 상태에서 행위자는 자기 행동을 조절할 수 있으며, 그 상태에서는 자아와 주변 환경, 자극과 반응, 과거-현재-미래 사이의 구분이 없다.

비교적 덜 중요한 결정부터 빨리 내리는 연습을 시작하라. 그러면 큰 결정을 할 수 있는 시간과 공간, 에너지를 벌 수 있다.

물론 모든 가능한 시나리오를 고려하면서 시간을 낭비할 필요
는 없다. 중요한 결정과 맞닥뜨리면 하나씩 순서를 정해 머리에
떠오르는 대로 재빨리 대답해보라. 일이 잘못되지는 않을까 겁
먹거나 두려워하지 말라. 해결할 시간은 충분하다. 설령 잘못된
결정이라 하더라도 당신 안에는 그것을 복구할 힘과 지혜가 충
분하다.

리더십이 있는 사람으로 인식시켜라

리더십을 통한 결단력의 실행은 인생에 있어서 허비하는 시간을 줄여주는 최선의 방법이며 타인들과 경쟁자들이 인정해주는 자기가치를 최대화할 수 있는 자기브랜드 구축의 최고 방법이다.

사람들은 자연스럽게 자신보다 더 강한 리더를 따른다. 사람들은 자신보다 더 강한 리더를 좇기 마련이다. 사람들은 강한 리더를 만나면 강한 리더십을 깨닫고 그를 따르지 않을 수 없다. 그것이 존경의 법칙이 작용하는 방식인 것이다. 사람들은 우연히 다른 사람을 따르지 않는다. 존경하는 사람의 리더십을 따른다. 리더십이 우수한 사람은 리더십이 부족한 사람을 따르지는 않는다. 보다 덜 숙련된 리더십을 가진 사람은 보다 숙련된 리더십을 가진 사람을 따른다.

일반적으로 리더의 추종자(follower)들은 자신보다 더 훌륭한 리더에게 매력을 느낀다. 이것이 바로 존경의 법칙이다. 일반적으로 리더십 능력이 강한 사람일수록 더 빨리 다른 사람들에게 자신의 리더십을 인식시킨다. 대체로 그룹 내의 사람들은 어떤 일을 추진하게 될 때에 가장 강력한 리더를 따르게 된다.

어떤 사람은 훌륭한 리더십 직관을 갖고 태어난 사람이 있는가 하면, 어떤 사람은 리더십을 개발하고 연마하여 오늘에 이른 사람도 있을 것이다. 그러나 이 모든 것은 계속해서 발전되고, 어떤 의미에서 리더십 직관은 타고난 능력과 습득된 기술의 조합이라고 해야 할 것이다. 타고난 능력에 습득된 기술이 첨가되면 리더십의 직관은 급격히 상승된다. 리더십의 목표를 이루기 위해 보이지 않는 요소들을 다루고, 이해하고, 사용하는 능력이라고 말할 수 있을 것이다.

직관은 수많은 무형의 리더십을 읽을 수 있게 해준다. 리더는 상황을 읽는 자이다. 모든 종류의 상황에서 리더들은 눈에 보이지 않는 것들을 포착한다. 리더는 동향을 읽을 줄 안다. 주변에서 일어난 것들은 보다 커다란 그림의 배경하에 발생된 것이다. 리더는 그 순간에 일어난 것을 읽을 수 있는 능력을 가진 사람이다. 마치 바람의 변화를 냄새 맡는 사람과 같이 리더는 자원을 읽을 줄 안다. 사업가와 지도자가 다른 것은 자원을 보는 방식이다. 성공적인 지도자는 그들이 무엇을 할 수 있을 것이냐는 측면에서 생각하지 않고, 가능한 자원(자금, 원재료, 기술, 그리고 가장 중요한 사람)의 측면에서 모든 상황을 본다. 지도자는 사람들이 가장 중요한 자산임을 결코 잊지 않는 사람이다.

또한 리더는 사람들을 읽을 줄 안다. 직관이 있는 리더는 사람들 가운데 지금 무슨 일이 일어나고 있는지를 직감하며 거의 즉각적으로 사람들의 희망과 두려움, 관심 등을 안다. 리더는 자기 자신을 읽을 줄 알며 좋은 리더는 자기 자신을 읽을 수 있는 능력을 발전시킨다. 그들은 자신의 능력, 기술, 약점, 현재의 심적 상태 등을 알기 위해 항상 노력한다. 또한 "사람들은 우연히 다른 사람을 따르지 않는다. 존경하는 사람의 리더십을 따른다."라는 격언을 항상 명심해야 한다.

지금쯤 당신은 인생에 대해 중요한 결정을 내리기 시작했을 것이다. 어떤 결정들은 기분이나 감정을 통해서 자연적으로 일어나지만, 또 어떤 결정들은 증거를 조사하고 찬반논쟁을 해야 하는 등 준비 기간이 필요하다. 때로는 여러 가지 생각들이 머릿속에서만 빙빙 맴돌 위험이 있다. 이런 때 연필과 종이를 가지고 생각을 정리하면 훨씬 도움이 된다.

평생 같이할 인맥 Network를 구축하라

사람은 태어나서 죽을 때까지 인연의 끈을 갖는다. 그것은 인연의 고리를 이어가는 작업이 평생을 가기 때문이다. 이들은 단순한 인맥관계를 떠나 사회적 인맥 구축에 게을리 하지 않는다. 자기 브랜드를 만들어 주는 조력자들이기 때문이다.

사회적으로 화제가 된 인물 중에 10여 년 전 정부의 신임공보관으로 임명된 언론인 출신 K씨(언론학박사)의 끊임없는 자기 변신을 통한 화려한 경력이 정부기관 출입기자들 사이에서 화제가 됐다. 중학교 졸업 후 검정고시를 거쳐 명문사립대 영문과를 졸업, 최근까지 경제지 기자생활을 했으며 베스트셀러 작가인 데다 수십 종의 다양한 공인자격증을 갖고 있고, 대학 강단에서 인기 많은 명강의로 이름을 날렸기 때문이다. 그가 최근 가지고 있던 직함만 해도 수십여 가지에 이른다. 주변에서는 그의 이 같은 화려한 경력을 뒤늦게 알고 "한 가지 일도 제대로 하기 힘든데 어떻게 다양한 분야에서 성공을 할 수 있었는지 놀랐다."는 반응이다.

○○ 공보관은 이같이 다양한 경험과 인맥 덕분에 업계에서 마당발로 통한다. 조금 과장해 그를 통하면 웬만한 일은 대부분

해결됐다는 게 주변 사람들의 설명이다. 그만큼 인맥관리를 잘했고 처세에 능했다는 게 그를 아는 사람들의 얘기이다. 어찌 보면 다양한 경험과 체계적 인맥관리, 여기에 겸손한 처세가 공보관에 전격 선임된 이유일지도 모른다. 최근 몇 년 사이 평생직장개념이 사라지고 상시 구조조정 바람이 불면서 직장인들 사이에 인맥관리에 대한 관심이 새삼 강조되고 있다.

자기계발을 통한 전문성 못지않게 '이직'과 '제2의 인생'을 준비하기 위해서는 인맥이 필수인 데다 인맥만큼 한국 사회에서 결정적인 역할을 해주는 것이 없다는 이유 때문이다. '대한민국 최대 인맥 네트워크를 꿈꾸는 사람들'을 모토로 운영되고 있는 SERI 포럼 중의 하나인 '인맥을 만드는 CEO파티'의 구창환 대표는 "경쟁이 치열해지고 개인주의가 팽배해지면서 최근 몇 년 사이 CEO뿐만 아니라 일반 직장인 사이에서도 인맥관리가 큰 관심거리로 떠올랐다."면서 "특히 1인 기업의 등장 등 혼자서 모든 것을 해결해야 하는 일이 갈수록 많아지면서 체계적인 인맥관리가 더욱 중요시되고 있다."라고 설명했다.

인맥만들기 열풍은 경쟁이 치열해지는 데 따른 불가피한 현상이며 '좋은 인맥=행복한 삶'이라는 등식이 강조되는 시대가 되었으며 이러한 인맥 만들기는 우리 사회에서 큰 무형의 자산이 되고 있으며 특히 사업가에게서 좋은 인맥은 이미 절반의 성공을 보장받고 있다고 한다. 특히 인생을 살다 보면 누구나 남의 도움을 받아야 하는 일이 생기게 마련이며 이럴 경우 평소에 인맥관리를 잘 해두지 않으면 낭패를 보기 십상이기 때문에 이해관계를 목적으로 인맥을 관리하기보다는 평소 자연스러운 입장에서 부지런하게 관리하는 것이 필요하다.

최근 헤드헌팅 전문업체 HR Korea가 경력 3년 이상 직장인 1,000여 명을 대상으로 조사한 결과 전체의 96%가 '직장생활을 효과적으로 하기 위해서 인맥이 필요하다'고 답했다. 그러나 '인맥관리를 잘하고 있느냐'는 질문에는 '그렇지 못하다'는 응답이 66%에 달했으며, '잘하고 있다'는 응답은 34%에 그쳤다. 인맥관리를 못하는 이유에 대해서는 '소극적인 성격 때문'이 31%의 응답으로 가장 많았고, '방법을 몰라서 못 한다'는 29%로 뒤를 이었다.

'인맥' 하면 떠오르는 이미지를 묻는 주관식 질문에는 학연, 파벌, 접대, 아부, 낙하산, 로비 등 부정적인 표현이 전체의 57%를 차지한 반면에 수평적 네트워크, 상부상조, 든든한 배경(back ground), 인생의 보험 등 긍정적인 표현은 전체의 32%에 불과했다. 57%가 인맥을 아직도 부정적으로 생각하고 있으며 HR Korea의 조사 결과를 통해 직장인들은 인맥관리의 중요성을 인식하면서도 이를 부정적으로 생각하고 접근하기 두려워하는 측면이 있으며 효과적인 인맥관리를 위해서는 우선 인맥에 대한 인식을 전환할 필요가 있음을 나타내고 있다.

이 같은 추세에 힘입어 좋은 인맥을 맺기 위해 생겨난 온라인 사이트와 카페도 크게 늘었고 심지어 인맥을 체계적으로 관리해주는 회사가 등장하는 등 인맥관리 관련산업도 활황을 맞고 있다. 여기에다 인맥과 관련된 서적도 최근 몇 년 사이 크게 늘었다. 1,000명 이상 사람과 네트워크 형성, 특히 최대 CEO인맥 커뮤니티인 'CEO파티'(http://www.ceoparty.co.kr)의 벤처기업 대표 등이 활발한 인맥형성의 장으로 주목받고 있다. CEO파티는 온라인뿐만 아니라 오프라인에서도 정기적으로 모임을 갖고 전문가를 초빙해 다양한 세미나를 개최하는 등 왕성한 활동을 벌이고 있다.

사회적 자기브랜드를 구축하라

성공한 개인들의 브랜드에는 그들만의 독특한 카리스마, 친화력 등과 같은 성공 포인트가 있다. 기업이 브랜드 가치를 소중히 여기듯 개인도 시장가치를 위한 브랜드를 구축하고 홍보해야 한다.

수년 전 황우석 교수의 줄기세포 연구와 관련한 진위 논란과 관련하여 온 세상이 야단인 적이 있었다. 이 시대의 이벤트는 2011년 현재도 찬반의 지지자와 비난자들이 공존하고 있다. 이는 '황우석'이란 개인 브랜드가 국민의 영웅으로까지 이미지화된 지 불과 몇 개월 지나지 않아서 발생한 개인브랜드 이미지의 실추로, 이제 유명세를 타고 있는 개인들도 스스로 브랜드화되어 철저하게 관리하고 유지하는 전략이 필요함을 보여 주고 있는 사례라 하겠다.

개인브랜딩 관리 전략의 관건은 무엇보다 개인의 좋은 이미지를 얼마만큼 잘 관리하느냐 하는 것이겠다. 이러한 개인브랜드 관리를 위해 전문가들은 다음과 같은 전략이 필요하다고 충고한다.

첫째는 자기 자신의 표현이다. 자신을 표현할 수 있는 커뮤니케이션 기술을 키우고 적극 홍보해야 한다. 브랜드구축에서 커뮤니케이션 기술은 자신의 능력을 주변 사람들에게 전달하는 중요한 단서가 되고, 일의 추진력과 밀접하게 관련돼 있기 때문에 매우 중요하다. 이에 이러한 능력을 키우기 위해 자신의 표현력과 프레젠테이션 기술을 익히는 것은 당연히 해야 할 과제일 것이다. 필요하면 시간과 돈을 투자해야 한다.

둘째는 자기위치의 포지셔닝이다. 너무 평범하지도 말고, 너무 튀지도 않게 포지셔닝해야 한다. 포지셔닝이란 한 사람이 다른 사람들의 마음에 어떻게 자리매김하느냐 하는 것으로 개인브랜드에서는 누구나 기본적으로 갖추어야 할 보편적 가치를 따르는 것과 차별된 가치의 2가지를 함께 고려해 포지셔닝하라는 것이다. 즉, 너무 평범하면 잘 드러나지 않고, 자칫 차별성만 강조해서 너무 튀는 것도 위험한 방법이라는 의미인데, 항상 돋보이게 하기 위해 지나치게 차별성만을 부각시키면 주변의 시샘을 받게 되며 적을 스스로 만드는 것이 되므로 기술적으로 행동해야 한다.

셋째는 자기의 미래상을 만드는 것이다. 즉, 원하는 개인브랜드상을 벤치마킹하는 것이다. 개인브랜드가 성공하기 위해서는 본받고, 배울 만한 모델을 결정하고, 이를 대상으로 벤치마킹하

려는 노력도 중요하다. 성공한 개인들은 그들만의 독특한 카리
스마, 친화력 등과 같은 성공 포인트가 있다. 이를 배우고 내 것
으로 만들어야 한다.

넷째는 자기 자신에 대한 일관성을 가져야 한다. 남들에게 한
결같은 모습을 보여 주어야 한다. 개인브랜드에서 한결같은 모
습의 일관성은 개인의 신뢰도와도 직결된다. 편의에 따라 말을
바꾸고, 줏대 없이 행동한다면 당연히 개인브랜드의 성공은 있
을 수 없을 것이다. 남의 의견은 경청하되 그러나 자기 생각과
의견은 분명히 해야 할 필요가 있다.

다섯째는 자기 주변의 모든 인맥과 반드시 相生(win-win)하여
야 한다. 관련 산업 또는 관심분야, 전문가과정, 정책 관련 최고
과정 등 인적 네트워크를 활용하고 이들과 융화해야 한다. 기업
의 브랜드 관리에서는 자신의 브랜드 이미지가 약하면, 다른 브
랜드와 제휴를 통해 공동브랜드 전략을 수립하게 되는데, 개인
브랜드도 이와 같은 맥락의 브랜드 전략을 수립해볼 수 있다고
한다. 즉, 자신의 약점은 극복하고, 강점을 돋보이게 해 고객에
게 좀 더 강한 브랜드로 인식시키기 위해 개인들은 인적 네트워
크를 활용해볼 수 있다.

진정한 개인브랜드의 성공이란 결코 혼자 서 있는 작업은 아
닐 것이다. 주변인들의 많은 도움과 교류, 포용 등을 통해 함께

서 있는 그림이 성공적인 브랜드 관리의 중요 포인트라 하겠다. 당신은 지금 어느 정도까지 진행하고 있는지 평가해보자. 부족하다고 느껴지면 지금 당장 전화를 들고 지인들에게 안부를 전하라. 이것이 인맥관계의 시작이다.

가족의 행복을 항상 인식하라

가정은 신이 인간에게 내려준 최상의 선물이다. 세상을 살면서 삶의 에너지원은 가정에서부터 나온다. 마음만 두지 말고 행동으로 실천하라. 이러한 하나님의 선물을 항상 고맙고 감사하게 여기는 마음을 지녀야 한다.

가족은 공존의 목표이며 공경의 대상이다. 가족이란 식구들이 즐거울 때 같이 즐거워하고 괴로워할 때 같이 괴로워하고 일할 때 같이 뜻을 모아 일하기 때문에 가족이라 한다. 그런데 근간의 우리 사회는 가족붕괴 현상이 곳곳에서 나타나고 있다. 이유는 제각각이지만 전통적인 가족 중심의 사회가 자기 중심의 사회로 바뀌어가는 특징이 뚜렷하다.

조계종에 종사하는 미산 스님은 가족의 붕괴는 세대 간 패러다임의 차이에서 기인한다고 지적했으며 이러한 패러다임의 차이를 극복하고 화목한 가정을 이루는 것이 구국구세(救國救世)임을 경전에 근거해 역설했다. "우리 사회는 농경사회에서 산업사회를 거쳐 정보화시대에 놓여 있습니다. 정보는 인드라망 같은 네트워크를 통해서 찰나에 전하고 받을 수 있는 취득의 용이성까지 갖추고 있습니다. 그래서 정보는 누구나 가질 수 있고, 공유할 수 있습니다. 이런 시대에 사고방식, 즉 패러다임이 바뀌지 않으면 뒤처지고 문제를 야기하게 됩니다."라고 패러다임의 차이에서 비롯되는 세대 간 갈등은 가정에서도 고스란히 드러난다고 설명하고 있다.

따라서 과연 우리는 가족에게 얼마만큼의 관심과 시간을 기울이고 있는가? 혹시 업무나 친구, 취미가 생활의 중심을 차지하고 있지는 않은가? 만일 가족에 문제가 있다면 그것은 바로 당신 자신이 문제가 있기 때문이다. 『성공하는 사람들의 7가지 습관』에서 성공전략을 '처세술'로부터 '인간관계의 철학' 수준으로 끌어올린 스티븐 코비는 가족문제에 대해서도 근본적이고 실제적인 처방을 내놓는다.

그 내용을 살펴보면 가족 문제의 핵심을 밝혀내고 구체적 해답을 제시하려고 노력한다. 스티븐 코비가 가정생활의 7가지 원칙을 실생활에서 효과적으로 실천하게 하는 다양한 지침을 제시한 것을 참조할 만하다. 가족의 공동비전을 설정하는 '가족사명서 만들기', 가족 간의 신뢰를 쌓은 '감정은행 계좌 만들기', 유대감과 공감을 높이는 '가족 간의 일대일 만남', 가족구성원의 존재 의미를 다지는 '가족 내 역할과 계획' 등이 그것이다. 따라서 이러한 내용을 바탕으로 다음의 3가지 사항을 실천해야 한다.

첫째는 활발한 커뮤니케이션이 중요하다. 외식을 나가 보면 같이 밥을 먹긴 하지만 한마디 말도 없이 밥만 먹는 가족이 있다. 부부간, 부자간에 얘기를 하지 않아 그 집에 무슨 얘기를 하려면 각자에게 따로 얘기를 해야만 하는 가정이 있다. 뭔가 문제가 생기기 시작한 가정이다. 성공적인 가정은 할 말이 많다. 그리고 슬픔과 기쁨을 함께하며 서로를 위하고 감싸준다.

밖에서 일어났던 일을 집에 와 얘기하고 싶어 안달을 하고 서로의 얘기를 열심히 들어준다. 이를 위해 가장 필요한 것은 경청이다. 또 잔소리나 설교 대신 질문을 많이 하는 것이 중요하다. 잔소리나 지시는 비용이 들지 않는 대신 아무런 효과가 없다. 당신이 경청하지 않고 설교만 늘어놓는다면 배우자나 애들은 귀를 막고 더 이상 당신과 얘기하려 하지 않을 것이다.

둘째는 유머와 위트가 필요하며 재미가 있어야 한다. 또 이를 주고받을 수 있는 분위기를 만들어야 한다. 말 많은 가장이 되어야 한다. 분위기를 만들어 주며 위트와 재치의 리더십을 발휘하여야 한다. 가족이 서로를 위하는 마음을 가져야 한다. 나만을 위한다는 마음을 가지면 자칫 싸움이 일어나기 쉽기 때문에 양보하는 마음을 갖고 나보다 상대를 먼저 배려하면 화목해질 수밖에 없다.

셋째는 경제력이 반드시 뒷받침되어야 한다. 가난은 죄는 아니지만 불편하다. 경제력이 필수는 아니지만 경제력이 있으면 가정 화목에 도움이 되는 것은 확실하다. 가족이 인간답게 살 수 있도록 의식주를 충족하여야 한다. 가난이 닥치면 가정은 위협을 받는다. 경제력이 화목을 만드는 것은 아니지만, 화목 위에 경제력이 더해지면 화목함이 더 커질 수 있다. 살다 보면 여행, 학비, 살림의 확장, 의료비, 각종 경조사 등 돈 쓸 일이 많은데 이때 늘 서로를 배려하면서 사랑을 키우는 것을 느끼고 서로를 위하는 마음의 울타리가 구축되어야 한다.

평생직업을 찾아라

평생직업이란 본인이 원하는 기간 동안 직업을 가질 수 있는 능력을 자신이 개발하여 자신의 보수수준에 걸맞은 가치와 자부심을 지니는 것이다. 그래서 최선을 다할 필요가 있다. 인생은 자기 삶의 완성이기 때문이다.

일단 기업에서 40대 중반을 넘어서 명예퇴직을 하게 되면 새로운 직장을 구하기란 막 대학을 졸업한 사람보다 훨씬 어렵다. 이는 우리의 노동시장에서 직업의 이동이 많은 환경의 변화에도 불구하고 관례화되어 있지 않은 이유도 있지만, 다시 직업을 구하는 경우엔 과거 직장보다도 훨씬 낮은 월급을 감수해야만 하기 때문이다.

이 경우 명예퇴직한 사람이 과거 직장보다 낮은 월급을 받게 된다는 것은 대체로 노동시장에서 이 사람의 능력이나 가치에 대한 평가가 그 정도밖에는 되지 않는다는 것을 의미한다. 그럼에도 불구하고 이 사람이 전 직장에서 높은 월급을 받았던 것은 이 사람의 가치가 이에 상응하는 월급에 미치지 못했더라도 기업이 새로 사람을 쓸 경우에 드는 추가적인 고용비용, 훈련비용 등의 비용부담보다는 이 사람을 그냥 고용하는 것이 비용 면에서 유리할 수도 있었기 때문이다.

따라서 고용을 줄여야 하는 시점이 오게 되면 이런 사람들은 우선적인 퇴직대상이 되는 것이다. 그러므로 요즘처럼 명예퇴직제도가 실시되고 앞으로 정리해고제가 도입되면 취업난의 문제는 개개인의 경력이나 능력수준과 기업이 지불하려는 월급수준이 제대로 된 관계에서 분석되고 그 해법이 찾아져야 할 것이다. 치열한 경쟁의 전쟁에서 살아남고자 안간힘을 쓰고 있는 각 기업이 더 이상은 안이하게 그 가치에 걸맞지 않는 보수를 제공하려 하지 않을 것이기 때문이다. 이렇게 우리 경제에서 노동시장의 유연성이 제고되고 정리해고제가 실시되면 평생직장의 개념은 자연히 쇠퇴할 것이다. 이러한 시대의 흐름에 대비하기 위해 이제 각 개인들에게 평생직업의 개념이 필요하게 된다.

이때 평생직업이란 본인이 원하는 기간, 직업을 가질 수 있는 능력을 자신이 개발하여 자신의 월급수준에 걸맞고 자기만족을 위한 자기가치를 가지고 일을 할 수 있는 기간까지 가져가는 것을 뜻한다. 이처럼 노동계약의 개념이 평생직장에서 평생직업의 개념으로 전환되는 경우 기업과 종업원의 입장 모두에서 여러 가지 변화가 필요할 것이다.

수련기를 끝내면서 이미 지존단계에 들어와 있는 당신은 평생직업으로 이어갈 수 있고 자기의 이상적인 삶과 더불어 생활할 수 있는 직업을 구축해야 한다. 평생직업은 수입만이 아니라 자기 삶의 만족도 충분히 고려되어야 한다. 그럼 평생직업을 만들기 위한 몇 가지 원칙을 살펴보자.

첫째, 떠나야 할 곳에서 떠나라. 그리고 미련을 버려야 한다. 남아서 승부를 걸어야 할 때가 있다. 그러나 미련 없이 떠나야 할 때도 있다. 이때 시기를 놓치면 등 떠밀려 나와야 한다. 직장인이 직장을 떠나면 할 수 있는 일이 막연하다고 생각한다. 이러한 생각은 천만에 말씀이다. 어리석은 일관성, 그게 바로 스스로 판 함정이다. 그리고 감정을 경영할 수 없으면 지금에서 벗어날 수 없고, 미래 속에서 빛을 찾을 수도 없다.

둘째, 영원한 유망 직종은 없으며 누구에게나 맞는 유망 직종도 없다. 단지 일시적인 유행 직종이 있을 뿐이다. 우리가 원하는 것은 평생직업이다. 따라서 이렇게 질문해야 한다. "나에게 맞는 유망직종은 무엇인가?"를 자문하고 스스로의 경험과 잣대로 찾아라. 현장이 시장이고 나의 판단의 기준이다. 모든 발견과 깨달음은 이곳에서 이뤄져야 한다. 철저하게 준비하라. 그리고 현장에서 확인하라. 확인하면 결심하고 실행에 옮겨야 한다.

셋째, 가장 까다로운 고객인 아내를 동지로 삼고 자신의 세계에 충실한 독재자가 되어야 한다. 아내는 가장 까다로운 고객이다. 아내의 마음을 얻을 수 있다면 다른 고객들을 설득하기는 오히려 쉽다. 아내를 완벽한 동지로 만들어라. 그리고 자신만의 비즈니스 룰이 지배하는 작은 세계를 건설하라. 이 세상에서 가장 독특하고 아름다운 기업을 하나 세워야겠다는 결심을 하여야 한다. 꿈은 이루기 위해 있는 것이기 때문이다.

넷째, 비즈니스는 고객이다. 그리고 고객을 위한 차별화를 시도해야 한다. 고객이 원하는 것들 중 적어도 한 가지는 반드시 절대 수준에 도전하라. 또 한 가지에는 차별적 수준을 확보하라. 나머지 세 가지에서는 허용 수준을 유지하라. 결코 패하지 않는다. 나만의 방식이 없으면 돈과 재물도 없다. 모방과 추종은 유행의 치명적 약점이다. 시간이 지나면 사라진다. 가장 나다운 것만이 무덤까지 함께 가져가는 유일한 것이다.

PART 6
행복기 30년

새로운 행복 만들기를 위한 삶의 연출기

성숙기를 지난 당신은 자신의 앞날을 예측하는 상황에 살고 있다. 이제는 적어도 25년 이상 30년을 자기 생의 연출가로서 무엇보다 자신의 미래를 잘 알 수 있으므로 노년을 신앙 안에서 지혜롭게 준비해야 한다.

노후의 삶을 축제로 만들기 위해서는 특별한 인생설계가 필요하다. 2020년에는 한국인 평균수명이 90세로 인생의 30% 이상을 노후로 살아야 하는 시대가 온다. 통계청에 따르면 경제협력개발기구(OECD) 소속 30개 국가들 가운데 한국의 평균수명 증가율이 가장 높다고 한다. 노령화에 대해 진지하게 생각해볼 시대가 바야흐로 도래한 것이다.

평균수명이 40을 넘지 못하였던 1940년 이전에 우리는 인생 60을 살아온 것을 가장 명예스럽게 생각하였고 환갑이라는 제도를 두어 예순을 맞이하게 된 삶을 축복하는 의례를 가졌다. 고려시대에는 70세가 되면 모든 노인에게 노인직이라는 벼슬을 왕이 하사할 만큼 장수할 수 있는 기회는 흔하지 못하였다. 그러나 오늘날 우리 사회는 인생 60이라는 단어가 무색해지게 환갑잔치는 사라지고 있으며, 또한 65세 이상을 노인으로 분류하고 있고, 인생 80이라는 단어가 자연스럽게 들려오는 세상을 맞고 있다.

현재 한국의 노인인구는 2004년 현재 7.5%, 2010년 현재 11.0%로 매년 급속하게 증가하고 있어 고령화 사회 속의 노인의 모습을 그려 나가고 있으며 최장수국인 일본은 이미 2010년 23.0%를 넘어섰고 2025년에는 30% 이상을 예견하고 있다. 지금의 노인은 한 번도 지금과 같은 가족관계나 노인의 변해가는 지위와 역할을 경험하지 못한 삶을 살아가고 있다. 현대사회의 노인은 역할혼란, 가족사회의 가치관의 변화, 연장된 삶 속의 역할 상실 등으로 고민하게 된다. 사실 이러한 고민은 어느 계층에 관계없이 나타나는 공통된 것이며 우리 사회가 노인을 이해하는 데 그 바탕적 배경으로 이해되어야 할 부분이라고 생각한다. 바로 당신도 이 시기의 주인공이기 때문이다.

지존2단계인 노년기를 사랑할 수 있는 삶의 지혜를 배워야 한다. 이제부터 당신의 과제는 노년기에 서 있는 자신의 모습을 어떻게 하면 생산적이며 보다 알차게 꾸며 나가느냐 하는 것이다. 국가의 연금제도가 완벽하게 구축되지 않은 이상은 누가 어떻게 노인문제를 해결할 수 있다고 보겠는가? 제도들이 구축되기만을 기다려서는 안 될 것이다. 보다 적극적이며 움직일 수 있을 때까지 자신의 노후를 책임질 수 있는 힘과 능력을 길러 나가는 것 역시 당신 자신의 몫이라고 본다.

과거처럼 자녀들이 모시거나 자주 찾아뵙는 환경이 아니기에 그 시간을 부부가 함께하거나 혼자서 감당할 수 있어야 한다. 상대적으로 신앙생활을 하는 노인들이 큰 도움을 받는 것을 보면 신앙은 노년생활에 필수적이라 할 것이다. 아울러 건강이 허락된다면 다른 어느 시기보다 왕성하게 자신을 내어줄 수 있는 시기이기도 하므로 적극적인 봉사활동도 필요하다.

그러나 무엇보다 중요한 것은 궁극에는 부부밖에 남지 않는 상황에 대한 준비이다. 모든 관계가 단절되고, 둘이 있게 되는 상황은 돈독한 부부애를 필요로 한다. 그런데 젊은 시절부터 돈독한 관계가 형성되지 않았다면 이 상황은 가히 절망적이다. 특히 남성에게 이 상황은 고통스러운 것이다. 가족과 사회는 건사해 왔지만 정작 자신을 건사하지 못하였다면 더욱 그러할 것이다.

이제 우리는 어느 정도 자신의 앞날을 예측하는 상황에 살고 있다. 생존 자체가 문제였던 시절에야 당장 내일도 예측하기 어렵지만, 이제는 적어도 20년 이상을 내다볼 수 있는 시대에 살고 있다. 무엇보다 자신이 자신의 미래를 잘 알 수 있으므로 노년을 신앙 안에서 지혜롭게 준비해야 하겠다.

자신을 재평가하고 일을 가져라

행복기의 자신의 삶과 가치를 재평가하라. 그렇게 해야만 자신의 여생을 설계할 수 있다. 과거는 지나간 것이다. 현실을 냉정하게 직시하는 눈을 가져야 한다. 그래야만 행복지수를 더욱 높일 수 있는 것이다.

취직을 위해 미리부터 많은 준비를 하는 것을 당연한 일로 생각하면서도 인생에 있어서 취직 못지않게 중요한 변화가 일어나는 퇴직 후의 생활에 대해서 준비하는 사람은 의외로 적다. 그것은 나에게는 퇴직이란 없다는 착각 속에서일까. 아직도 멀었다는 안도감에서일까. 그러나 이미 당신은 자유업을 가지고 있지 않다면 직장생활을 했던 당신은 그 시기에 와 있는 것이다.

누구에게나 퇴직은 다가오고 또 그 시기는 그리 머지않아 닥쳐오게 된다. 정신을 차렸을 때에는 이미 늦었다는 사실을 알게 될 것이다. 아무리 천직으로 알고 평생토록 지키고 싶어도 지구가 없어지지 않는 한 자리를 놓고 떠나지 않을 수 없는 것이 현실인 것이다. 특히 요즘처럼 '명퇴', '조퇴'에서 '황퇴'까지 퇴직 바람이 거세게 불고 있는 현실에서는 남의 일이 아닌 것이다.

입사하자마자 퇴직을 생각해야 하는 시기도 이미 와 있다고 보는 사람들도 있다. 이미 당신은 이러한 고민을 떨치고 행복기에 진입해야 한다.

그러나 이제는 시대도 많이 변하여 자신의 노후는 자기 스스로 미리미리 준비해 나가지 않으면 안 되는 사회로 변해가고 있다. 노후를 의지하리라 기대했던 자식들은 변화된 핵가족 제도의 부부 중심 사회에서 각자 살아가기에 바쁘고, 국민연금제도를 비롯한 국가의 복지정책 역시 아직 초기단계를 벗어나지 못해 큰 도움을 받을 수 없으며 상당히 미흡한 수준이다.

그러면 행복기 노년을 위한 준비는 언제부터 해야 좋을까? 즐겁고 보람 있는 노년이 되기 위해서는 그만한 노력과 정성이 있어야 한다. 그러나 많은 사람들은 진지하게 생각하지 않는다. 과거는 이미 지나갔고, 현재는 정신없이 바빠서 미래를 제대로 생각할 수 없는 사이 지나가 버리고 만다. 결국 세월은 흘러 노년기에 이르렀을 때 아무런 준비 없이 퇴직을 맞게 되어서야 아쉬워한다.

당신이 어느 연령층에 속해 있든 간에 남은 생애를 즐겁고 만족할 만한 것이 되도록 많은 준비를 해야 한다. 늦추지 말고 하루라도 빨리 시작하는 것이 좋다. 노인이 되었을 때 나는 과연 어떤 모습을 하고 있을까? 그 물음에 대한 대답은 현재의 내 모습과 앞으로 어떻게 준비해 나가느냐에 달려 있다고 볼 수 있다. 남성들 가운데 퇴직 후 사망률이 높은 것은 자신이 하고 있던 일 외에는 아무런 계획도 없이 살아온 때문이 많다고 말하고 있다.

퇴직 전에 다양한 관심과 계획을 가지고 살아왔던 사람들이야말로 퇴직의 충격에서 벗어날 수 있다. 우리 스스로가 퇴직을 사전에 잘 준비하고 대처하지 못하면 일생의 말년을 암울하고 불행하게 보낼 수밖에 없다. 즉 줄어든 수입, 사회적 단절, 고독감, 날로 더해가는 무기력감, 쓸모없는 존재가 되고 있다는 두려움, 많은 시간을 적절히 활용하지 못하는 데서 오는 패배감, 활력의 감소 등이 그것들이다.

하지만 사람들이 보람 있게 보낼 수 있는 관건은 마음가짐이나 태도가 긍정적이냐 부정적이냐 하는 것과 퇴직 후의 삶을 새로운 도전과 성취에 대한 기회로 삼느냐 하는 것이다. 결국은 일찍, 되도록 퇴직하기 오래전부터 생활의 흐름이 퇴직하기 전의 관심과 활동의 통로로 연결되어 흐르게 함으로써 퇴직에 대한 당혹감과 불안감이 생기지 않도록 미리 대비해 두는 것이 중요하다.

최근 『월스트리트저널』, 『포춘』, 『비즈니스 위크』, 『타임』 등이 다룬 '가장 영예롭게 퇴직하는 방법'을 보면 첫째는 저축을 조금씩이라도 시작하고, 둘째는 인생을 계획성 있게 설계하고,

셋째는 조기퇴직 가능성을 항상 염두에 두며, 넷째는 저축과 적립금을 너무 장기화하지 말 것을 강조하고 있다.

노년기에 있어서의 일은 청·장년층에서 말하는 일의 의미와는 다르다고 할 수 있다. 청·장년층에서의 일의 가장 큰 의미가 소득원 확보와 같은 경제적인 의미가 강하다면 노년기에 있어서 일은 사회구성원으로서의 소속감과 참여의 의미가 강하다. 노년기에 있어서 일은 다음 세 가지 측면에서 큰 의미를 갖는다.

첫째, 노인 당사자에게 소득원을 확보해준다. 경제력이 있는 노인들은 경제력이 없는 노인들보다 적극적인 사회참여를 하게 되고 이는 개인의 생활만족도와 연관된다고 할 수 있다. 즉, 일을 하는 노인이 삶의 만족도가 높다고 볼 수 있다.

둘째, 일은 노인들에게 유용감과 자신감을 심어준다. 사회에서 노인들은 쓸모없는 존재로 인식되고 노인들의 무능력함만을 부각시키고 있다. 취업을 통해 사회참여를 하는 노인들은 자신이 사회구성원의 일원으로서 사회에 도움이 되는 존재라는 생각과 함께 자신감을 갖게 된다.

셋째, 신체적·정신적인 건강을 지속시키는 기능을 할 수 있다. 노인은 일을 통해서 앞에서 언급한 것처럼 소득원을 확보하게 되고 자신감을 가질 수 있다. 이는 스스로가 일을 하는 데 필요한 신체적인 건강에 대해서 관심을 가지고 건강을 유지시키기 위해 노력하는 것뿐만 아니라 삶의 보람과 자신감 등을 갖게 되므로 정신적·심리적으로도 안정감을 갖게 된다.

노인들은 지금까지 쌓아온 지식, 기술, 경험 그리고 지혜를 가지고 있으며 이와 같이 축적된 잠재능력을 동원하여 자아성장은 물론 지역사회 발전에 공헌하고 싶은 욕구를 가지고 있으며 그 잠재능력 또한 우리가 더 이상 무시할 수 없는 인력자원으로 인정받고 있다. 당신도 반드시 그 대열에 동참해야 한다.

나누는 삶의 지혜를 가져라

더불어 산다는 의미는 무엇인가. 인간은 사회적 동물이며 홀로인생은 거의 불가능하다. 그것은 나누어 가짐을 뜻하는 것이고 함께한다는 것을 의미한다. 이것을 실천하면 행복한 사람들과 더불어 행복한 사람이 될 것이다.

나이는 숫자에 불과하다고 한다. 그러나 그것은 위로의 말일 뿐 예전에 지혜의 원천이던 노인들은 설 자리가 없다. 위인전이나 자서전에서조차 인생의 황혼기는 거의 묘사되지 않는다. 법상 스님의 「나누는 삶」이란 시로서 의미를 되새기는 시간을 가져 보자.

"스스로 아무리 행복하고 만족한들 이웃의 불행과 가난 기아와 질병 등을 외면하고 방치한다면 그것은 진정 건강한 부유함도 참된 행복도 아니다. 내가 행복하게 밥을 먹고 공부하고 있는 이 순간도 이 세상 다른 곳에서는 수많은 이들이 가난과 기아에 헐벗어 굶주리고 죽어가고 있다. 깨달음을 얻었다 한들 그것이 세상으로 회향되지 않는다면 그것은 참된 지혜가 아니다. 참된 지혜는 이 세상의 아픔이 바로 나의 아픔이기에 내 것과 네 것이라는 차별이 없는 동체대비의 자비정신이다. 너와 내가 둘이 아니라는 동체에서 나오는 대자대비

나누어 가지는 삶! 어쩌면 아무나 실천하기 힘든 일일지도 모른다. 나누는 삶은 돈이 있다고 해서, 권력이 있다고 해서 실천할 수 있는 것은 아니기 때문이다. 오히려 돈이 없고 사회적 권력도 없는 사람들이 나누는 삶을 생활화하는 경우가 더 많은 것이 현실이다. 우리는 어린 시절 부모님들로부터 콩 한 쪽도 나누어 먹어야 한다고 배웠다. 그리고 지금까지 그것은 당연하다고 생각해왔다. 그러나 우리 사회에는 언제부터인가 나만 잘 살면 된다는 이기적인 인식이 팽배된 느낌이 든다.

진정한 부자의 의미를 생각해보자. 진정한 부자는 물질적인 부자가 아니고, 마음이 부자인 사람을 의미한다고 생각한다. 마음이 가난한 자는 나눔의 문화를 낯설어 한다. 하지만 마음이 부자인 자는 나눔의 문화에 익숙해져 있다. 하지만 대부분의 사람들은 마음이 부자인 사람이기보다는 물질적인 부자를 꿈꾸며 살아간다. 물질적인 부자를 갈망하다 보니 타인과 나누는 삶은 무의미하다는 인식이 팽배해져 있다. 사회복지의 기본이 이웃과 함께하는 데 있음에도 불구하고 우리는 사회복지를 그저 가난한 사람들에게 몇 푼 도와주는 것쯤으로 인식하고 있다.

더불어 사는 삶이 결국 사회복지의 실천이며 자기 삶의 유종의 열매를 거두는 것과 같은 것이다. 더불어 산다는 의미는 무엇인가. 그것은 나누어 가짐을 뜻하는 것이고 함께한다는 것을 의미할 것이다. 이제 우리는 잃어버린 과거를 찾아야 한다. 물질적인 부자보다는 마음이 부자인 사람들이 많은 나라가 진정 살기 좋은 나라가 아닐까?

행복기에는 반드시 십시일반(十匙一飯)의 정신, 나눔의 철학, 그리고 콩 한 쪽도 이웃과 나누어 먹자는 아름다운 언어들을 이젠 되찾아 실천해야 할 때이다. 사랑도 나누어 가질 때 빛을 발한다고 한다. 매년 한 해를 보내는 연말이 되면 하루를 보내는 것이 힘들다고 느껴질 때 이웃에게 손을 내밀어 보자. 도움을 청하는 손길도 좋고, 도움을 주는 손길도 좋다. 혼자는 외롭기 때문이다. 나눔을 실천하다 보면 난 행복한 사람이라는 것을 느낄 수 있을 것이다. 이 어려운 시기에 나눔을 실천한다는 것이 어쩌면 용기를 필요로 하는 행동일지도 모른다.

건강을 체계적으로 관리하라

행복기의 건강관리는 앞으로의 생에 대한 준비이며 하루하루이다. 살아가면서 지존의 모습은 건강할 때만이 발휘할 수 있다. 건강은 남이 대신할 수 없다. 따라서 철저히 관리하고 유지하라. 이것이 여생의 가장 큰 자산이기도 하다.

건강에 자신하지 말라. 건강은 건강할 때 지켜야 한다. 특히 행복한 노후를 위한 '장수 건강 5계명'은 의사협회 국민의학지 식향상위원회가 건강한 노후생활 설계의 기본안을 제정하여 발표한 바 있다.

이 위원회는 우리나라가 지난 2000년 65세 이상 인구 비율 7.2%로 이미 '고령화사회'에 진입한 데 이어 이 같은 추세가 오는 2019년에는 14.4%, 2030년에는 24.0%로 가속화가 예견되는 상황에서 은퇴 후 노인들의 효율적인 건강관리를 장려하기 위해 장수 5계명을 마련했다고 설명했다.

첫째, 매사에 긍정적으로 사고하고 아름다운 삶을 갖자. 매사 긍정적으로 사고하고 많이 웃는 습관은 노인 건강에 매우 중요하다. 미국 인디애나 주 메모리얼 병원에서는 매일 15초를 웃으면 이틀을 더 살았다는 조사결과를 발표한 바 있다. 또 우리의 옛 임금들도 장수하기 위해 '웃음 내시'를 옆에 두고 살았다. 밝은 생각과 웃음이 노인에게 중요한 이유는 젊을 때보다도 체력이 떨어지고 스트레스에 민감하게 되면서 쉽게 비관하기 때문이다. 증가하는 노인 자살도 알고 보면 마음의 병, 우울증이 주된 원인이다. 우울증은 사는 맛을 상실케 하기에 평소에 기본 마음가짐을 밝게 갖고 억지로라도 웃을 수 있는 기회를 길러야 한다.

둘째, 지적 활동을 통한 뇌기능을 유지하라. 두뇌운동을 하면 뇌기능이 저하되는 현상을 예방할 수 있다. 흔히 나이가 들수록 뇌기능이 저하되면서 기억력 감퇴, 지적 능력 및 감각 능력이 저하된다고 알고 있다. 실제로 노년 생활의 삶의 질을 현격히 떨어뜨리는 것이 뇌에 생기는 이상이다. 대표적인 노인병인 치매는 전 세계적으로 65세 이상 노인의 10%, 80세 이상의 28%가 앓고 있을 정도로 고령화 사회에서 특히 증가하는 질환이다. 그러나 작게는 기억력 감퇴, 크게는 치매에 이르기까지 생활 속에서 뇌를 자극하는 두뇌운동을 해준다면 충분히 뇌의 노화 현상을 늦출 수 있다.

뇌의 활동을 자극하고 정신건강을 유지시켜주는 두뇌운동으로는 크로스퍼즐, 산 이름이나 지명 암송연습 등이 좋다. 또 노인사회복지관이나 노인정을 찾아 벗을 만나고 취미활동을 하는 것도 도움이 되며 가벼운 운동이나 자주 걷는 것도 두뇌 자극에 효과적이다.

셋째, 근력을 강화시키는 운동으로 전신건강을 다져라. 근육량이 줄면 단순히 물리적인 체력 저하 현상만이 아니라 근육에 의해 운동하는 심장 등의 장기 기능에도 악영향을 준다. 또 균형감각 및 순발력이 줄면서 낙상 등의 사고가 일어날 가능성이 높아진다.

평소 근육량 및 근력을 강화시켜주는 운동을 통해 신체 기능의 급격한 저하를 방지할 수 있다. 이때 운동을 하더라도 자신의 연령과 신체 상태를 고려한 운동계획을 세워야 한다. 그리고 골관절염과 같은 퇴행성 관절질환, 고혈압이나 심혈관계 질환이 많은 노인은 걷기, 자전거타기, 수중운동, 수영 등이 적당하다. 특히 걷기는 노인의 골다공증 진행을 막아줄 뿐만 아니라 체중조절에 매우 좋은 유산소 운동이다. 그러나 걷기도 무리하지 말고 약간 땀이 날 정도의 수준에서 멈추는 것이 좋다.

넷째, 고른 영양 섭취는 건강의 기초다. 노인의 영양 상태는 건강상태를 좌우하는 결정적 요인이다. 그러나 나이 변화에 따라 호르몬 감소 현상을 일으켜 식욕 감퇴 및 미각이 떨어지는 증상이 나타나 영양공급에 차질이 생기는 일들이 생길 수 있다. 음식을 통한 고른 영양분 섭취는 질병에 대항해 우리 몸을 방어

하고 사회활동을 하는 데 필요한 에너지를 유지시켜준다. 그렇다고 고지방 고열량식이 좋은 것은 아니다. 노인의 기초대사량과 활동량은 감소하기 때문에 칼로리는 줄여나가면서 정상체중을 유지해야 한다. 이러한 노년기에는 스트레스를 감소시키고 여유와 함께 즐거운 식사를 하는 것이 무엇보다도 도움이 된다. 노인을 위한 식단은 다섯 가지 기초식품군을 골고루 사용하고 비타민이 풍부한 과일을 이용하며 후추, 겨자, 식초 등 향신료나 풋고추, 부추 등의 녹색채소를 이용해 식단의 식욕을 돋우는 것이 중요하다. 또한 생선이나 육류의 살코기 등 소화가 잘되는 단백질과 식물성 지방을 우선으로 선택해 비만을 예방하고 소화흡수를 증가시키도록 한다.

하루 1~2컵 정도 찬 우유보다는 따뜻하게 데워 마셔 칼슘을 충분히 섭취하고, 변비 예방을 위해 섬유질과 수분이 충분한 식사를 하도록 한다. 식사는 최소 30분이 넘도록 천천히 먹고 규칙적으로 해야만 비만을 예방할 수 있다.

다섯째, 정기적인 검진으로 병을 관리하라. 나이가 들면서 잦은 잔병치레를 하거나 퇴행성 질환으로 고생할 우려가 높다. 특히 순환기계 질환으로 생명에 위협을 받는 경우도 허다하다. 건강한 노년 생활을 설계하려면 건강할 때 예방하는 것도 중요하지만 규칙적인 검진을 통해 건강 체크를 하는 것이 중요하다.

설령 지병이 생겼더라도 자신의 건강 상태를 수시로 점검해야만 응급상황을 예방하거나 병을 키우지 않게 된다. 대개 건강검진을 비용이 많이 들고 복잡한 일로 여길 수 있다. 그러나 집과 가까운 곳의 의료원을 주치의로 삼고 정기적으로 건강 체크를 한다면 신체의 이상 증상을 조기에 잡아낼 수 있다.

경제력이 없는 노인들은 국민건강보험공단이나 보건소에서 실시하는 무료 건강검진을 이용하는 것도 한 방법이다. 또 노인들은 건강 검진 후 반드시 식생활·운동 등의 실천 방법, 기타 생활 환경 및 습관의 개선 등에 대한 상담을 받아야 한다. 병은 조기에 치료하라. 그것이 당신의 정상적인 행복기를 만들어 준다.

균형과 조화의 삶을 가져라

조화와 균형은 중요한 것들 사이에서 둘 다 버리지 않고 둘 사이의 모순적 관계를 상생시키는 것이다. 조화와 균형은 기분을 전환시켜 주며 자신에게 맞고 마음을 편안하게 해주며 자신을 기쁘게 만들어 준다.

조화와 균형은 좋은 말이다. '훌륭한 직원'으로 회사에서 인정을 받으면서 성장해 왔고 이제는 아이들과 손자들과 그리고 삶을 같이하는 지인들과 시간을 많이 보내는 '행복기의 노년'이 되는 것은 개념적으로 서로 배타적인 목표가 아니다. 이제는 자기 자신과 주변 사람들과의 사이에서도 마찬가지로 '훌륭한 평생직업인'이며 동시에 '훌륭한 개인적 삶을 즐기는 사람' 은 모두가 바라는 이상적 그림이다.

신기한 것은 한국인들이 조화와 균형이라는 개념으로 부르고 있는 것들이 서양인들에게는 선택이라는 이름으로 불리는 경향이 많다는 점이다. 그들이 균형(balance), 조화(harmony)라는 단어를 사용하지 않는다는 뜻이 아니라, 그들이 현실 속에서 조화와 균형을 이루는 실질적 방식이 '모두를 다 잘해 낼 수 있다'는 개

넘보다는 '어느 하나를 우선적으로 잘하려면 다른 하나는 어느 정도 포기해야 한다'는 입장을 선호한다는 것이다.

'선택과 선택되지 않는 것들에 대한 포기'라는 이분법논리 구조 속에서 조화와 균형을 이해하는 경향이 많다는 것이다. 그들의 표현을 빌면 일과 생활의 균형(work - life balance)은 실제로 '교환(swap or trade off)' 혹은 '선택과 선택되지 않는 것들의 포기(select or give up if not selected)'로 정의되는 예를 많이 본다.

대부분의 사람들은 교환과 선택을 모두 끌어안고 그 둘 사이에서 조화와 균형을 잡아 보려 애를 쓴다. 이것이 실제다. 그들은 매일 이 두 가지 문제를 잘 해결해보려고 노력한다. 이 고민과 노력이 중요하다. 일과 가족, 직장에서의 커리어와 개인적 삶의 자유는 어느 것은 선택되고 어느 것은 버려져야 하는 선택의 문제는 아니다. 그것은 대단히 비효율적이기는 하지만 함께 어우러져야 하고 함께 지켜져야 한다.

따라서 이 균형은 우리가 생활 속에서 부둥켜안아야 하는 모순적 요소임에는 분명하지만 공존해야 하고 상생해야 하는 요소들이기 때문에 말 그대로 '조화와 균형'이라는 어려운 과정을 통해 좋은 방법을 모색해야만 하는 것이다. 몇 가지 방법을 제시해보자.

첫째, 행복기에는 일 속에서 돈과 커리어를 찾는 것이 아니라

일 자체 속에서 취미와 재미를 찾아내는 것이다. 자신이 좋아하는 일을 선택하게 되거나, 자신이 좋아하는 자신만의 방법으로 그 일을 해내게 되면 일보다 훌륭한 놀이는 없게 된다. 굳이 외부에서 다른 개인적 활동을 찾아야 할 필요성이 줄게 된다는 뜻이다. 일과 개인생활이 공통분모를 많이 가짐으로써 일 자체가 놀이와 의미와 삶의 수단으로 융화되면 일과 삶의 질 사이의 내면적 모순은 줄어들게 된다. 당신은 평생 준비해온 평생직업의 실력을 발휘해야 한다.

이것은 모순 사이에 벽을 쌓아 두었던 울타리를 허물고 서로 왕래할 수 있는 통로를 만들어 주는 방식이다. 일과 취미의 공유면적을 넓혀줌으로써 일이 취미와 흡사하고 취미가 일과 별로 다를 것이 없게 하는 것이다. 돈과 커리어는 이런 몰입과 집중의 결과로 자연히 얻어지는 결과물이다.

둘째, 행복기에는 일의 초점을 놓쳐서는 안 된다는 점이다. 그 일이 회사든 개인이든 간에 회사 내에서 당신에게 주어지는 일들은 부가가치 측면에서 그 수준이 다르다. 중요한 일도 있고 일상적으로 반복되는 상대적으로 그 가치가 덜한 일들도 있다. 중요한 일에 초점을 맞추고 우선적으로 시간과 관심을 집중하면 중요한 영역에서 좋은 성과를 만들어 낼 수 있다. 그 다음은 중요도는 좀 떨어지지만 급한 일들에게 그 다음 우선순위를 주면 급한 부분에서도 크게 실수하지 않는다. 나머지 사소하지만 늘 반복되는 일상적인 것들에 대해서는 프로세스와 시스템을 갖추는 것이 좋다.

셋째, 일과 가정이 동시에 시간의 분배를 요구하는 두 가지 중요한 요구사항을 다루게 될 때는 시간의 양적 배분이 아니라 시간의 공유 방식을 달리하는 것이 좋다. 양적 배분만 가지고 고민하면 균형과 조화의 문제가 아니라 교환과 선택의 문제로 끌려갈 가능성이 높다. 시간의 배분 방식을 자기의 건강과 자기 만족 기준으로 달리해 보는 것이 좋다. 왜냐하면 노년기의 망가진 건강을 완전하게 되돌릴 수 없기 때문이다.

지존기의 조화와 균형이 깨어지는 원인 중 가장 큰 것은 배우자의 상실로 조화로운 삶에 가장 치명적인 것이자 노년기의 최대의 스트레스 원인이 된다. 특히 여성은 평균수명이 남성보다 높기 때문에 여성의 약 절반은 70세 정도에 남편과 사별하게 된다. 특히 이 시기에는 자녀들이 독립하여 떠나간 시기이기 때문에 여성들은 더 많은 어려움을 겪게 된다.

사별을 극복하는 방법으로는 비탄이 다른 감정이나 행동들보다 우선 극복되어야 한다. 만약 비탄이 무시된다면 후에 방해를 받을 수 있는 고통이기 때문이다. 즉 고통을 숨기거나 참으려 하지 말고 그대로 느끼는 것이 좋다. 또한 자신의 슬픔에 대해 친구들이나 자신의 이야기를 들어줄 사람에게 이야기하고 위안을 얻을 시간을 갖도록 한다.

다음에 일상생활의 언행에 있어서 후회되는 모든 일들을 용서하고 또한 사별과정에서 느꼈던 분노, 죄의식, 당혹스러움에 대해 자신을 용서한다. 비탄은 사람을 지치게 한다. 힘을 유지하기 위해서 균형 있는 식사가 필요하며 운동도 중요하다. 자신에게 적합한 일상생활을 찾아야 한다. 낮잠을 자거나 좋은 책을 읽는 등 기분을 전환시켜 자신의 마음을 편안하게 해주며 자신을 기쁘게 하도록 해야 한다.

휴일과 기념일에는 편안한 친구들이나 가족들과 함께하거나 특별하게 만들어 줄 활동을 계획한다. 그리고 자신을 위해 새 삶을 창조할 능동적인 활동을 시작한다. 필요한 만큼의 충분한 사별 기간을 가진 후 일단 새 힘을 얻으면 흥미 있는 일들을 찾기 시작한다. 단계를 두고 새로운 흥미 있는 활동들을 준비할 시간을 가지며 새로운 사람을 만나거나 새로운 일을 찾는 것이 중요하다.

자신의 종교를 가지고 신과 대화하는
능력을 길러라

지존단계의 행복기는 노년기의 인간 삶의 행복기간이자 삶의 정리 기간이다. 자신의 심성에 영향을 받아 심성이 선하고 착하게 인도되며 인도된 만큼 자신이 선으로 변화시켜 주면 그것이 바로 모든 종교의 신앙의 대상이 된다.

신앙의 눈으로 보면 노년은 지나온 인생을 돌아보고, 죽어서 가는 다음 세상을 준비하는 가장 아름다운 시기이다. 어두운 밤을 맞이하기 전의 황혼이 아니라 하루 중 가장 아름답게 하늘을 물들이면서 새로운 하루를 잉태하고 쓰러져 가는 저녁 어스름과 같은 시간이다. 같은 시간도 보기에 따라서 영원히 사라지는 어둠으로 새로운 탄생을 예비하는 시간이 되기도 한다.

행복기에는 생의 행복기인 동시에 삶을 정리하는 기간이기도 하다. 따라서 신과 대화하는 능력을 가져야 한다. 종교생활은 인생의 그 어느 시절보다 노년기에 가장 큰 힘이 된다. 현역에서 은퇴하면서 사회적으로 설 자리를 잃게 되고 신체적으로 노쇠해 질뿐 아니라 주변 사람들과의 사별로 심리적으로도 약해질 수 있는 시기이기 때문이다. 이때 신앙생활은 다음 세상에 대한 소망을 통해 죽음에 대한 공포를 극복하게 하고 위안을 주며, 내적인 힘과 충만감을 제공하는 역할을 한다.

최근에는 교회 안에서도 신도들의 고령화가 두드러짐에 따라 대형교회들을 중심으로 노인목회와 노인사역에 관심을 기울이려는 움직임이 늘어나고 있다. 1999년부터 60세 이상의 시니어들을 위한 '포에버 평생교육원'을 운영하고 있는 사랑의 교회는 전담 목사와 교역자를 따로 두고 신앙교육과 사회교육, 복지사업을 실시하고 있다. 신앙교육 5개 학과와 스포츠댄스, 중국어 교실 등 사회교육 13개 학과가 설치되어 있으며 등산반, 사진반, 컴퓨터반 등 동아리 활동도 활발하고 결신자 초청잔치나 수학여행 등의 특별행사도 정기적으로 열린다.

교회에서 운영하는 노인학교의 대부분은 종교를 초월해 문을 개방하고 있으며 지방의 경우 무료급식과 무료진료, 무료 이·미용 서비스를 겸하는 곳도 많아 실버들에게는 신앙생활이라는 본래의 취지 외에도 또래들과의 교제와 취미생활을 겸할 수 있는 기회가 되고 있다.

경전에 보면 이런 말이 있다. 번뇌로 가득한 마음을 가진 사람은 항상 괴로움이 따라다니고, 반대로 청정한 마음을 가진 사람은 항상 좋은 일만 있게 된다는 것이다. 마치 그림자가 있으면 형체가 있듯이 말이다. 불교에서는 번뇌가 발생하는 원인을 욕망과 무지에서 나온다고 하지만, 때로는 분별심(分別心)에서도 야기된다고 한다. 분별심이란 자기 생각으로 헤아려 보아서 판단하는 심리작용을 말한다. 때문에 분별심이 강하면 강할수록 개성 있는 판단이 될 수도 있지만, 또한 그만큼 오류를 범할 확률도 높은 것이다.

번뇌라는 말은 일반적으로 마음을 결박(結縛)한다든지, 미혹(迷惑)하게 한다든지, 물들게(染汚) 한다는 등의 뜻이 있지만, 수면(隨眠)이라고 할 때도 있다. 수면이라는 것은, 번뇌가 항상 중생을 따라 다녀서 여의지 아니하므로 수(隨)라 하고, 그 작용이 아득하여 알기 어려움이 마치 잠자는 상태와 비슷하므로 면(眠)이라고 해서 번뇌와 같이 취급하는 것이다. 그렇다면 잠과 번뇌는 무슨 관계가 있는가 하는 것이다.

어떤 종교든 간에 인간이 몸담고 있는 종교는 영적 작용으로 의식화되는 과정에서 인간의 심성에 영향을 미치게 되어 있는데 그 어떤 종교에 심취해 있으면 심취한 만큼 그 종교로 인해서 설령 사탄을 숭배하는 종교라 하더라도, 속이는 작용일지라도 자신의 심성에 영향을 받아 심성(心性)이 선하고 착하게 인도되며 인도된 만큼 자신이 선으로 변하게 되고 변화되는 과정 중에 영육 간에 축복이라도 따르면 그 종교로 인함으로 믿고

100% 신봉하게 된다.

인간은 하나님의 창조 섭리에 따라서 창조되었기 때문에 어쩔 수 없이 신을 그리워하고 믿고 싶어 하고, 그의 사랑도 그리워하며 받고 싶고 또 하고 싶은 강한 의식이 있는데 이것이 신에 대한 신심으로서 인간 모두에게 있으며 자신이 어려운 처지에 놓이면 이 의식은 더욱더 강하게 작용하게 되는 것이다.

당신은 행복기를 살면서 신과 대화하는 방법을 알아야 한다. 왜냐하면 신과 가까워질 날이 점차 다가오기 때문이다. '나는 신과 이야기를 나눴다.' '신은 나에게 이렇게 말했다'는 독백을 하는 사람들이 늘어나고 있다. 이러한 일부의 종교인들은 자신이 신과 이야기를 나눌 수 있었던 것처럼 당신도 역시 신과 이야기를 나눌 수 있다는 것을 말하고 신과 대화하는 방법을 제시하고 있다.

어찌 보면 다소 황당한 이야기인지도 모른다. 물론 그렇게 생각할 수도 있고 어쩌면 그렇게 느끼는 것이 당연한 반응일 수도 있다. 하지만 그것은 우리가 지금껏 신을 절대자적인 위치에서 인간의 선악에 따라 우리를 심판하는 신으로밖에 볼 수 없게 길러진 탓일 수도 있다. 일부 종교인들은 신과 대화하는 핵심개념으로서 기(氣)를 이야기하고 있다. 우주적 에너지인 기로서 인간을 설명하고 있고 신과의 매개체로 보고 있는 것이다.

신은 인간을 심판하지 않는다. 신은 인간을 신에게로 이끌 뿐이다. 인간은 신에게로 다가가기 위해, 신과의 하나 됨을 위해 스스로의 체험을 창조할 뿐이다. 신은 우리 내면의 소리이다. 진실한 소리. 신과의 대화에서 신에게 우리는 질문할 수 있다. 그리고 그에게서 답을 얻을 수 있다. 우리가 신에게 정말 진실하게 참으로 구하고자 하는 것을 물을 때 그는 우리의 물음에 답을 해줄 것이다. 이것이 지존기를 보내면서 마지막으로 습득해야 할 과제이다.

우리는 보다 더 우리 내면의 소리에 귀를 기울여야 한다. 신과 대화하는 방법은 우리 내면의 진리와 이야기를 나누는 것으로 보아도 무방해 보인다. 우리는 본래 모든 것을 알고 있다. 다만 상기해 내기만 하면 되는 것이다. 우리가 본래 그 모든 것이라는 것을 느끼고 스스로를 득도하는 자세가 필요하다.

당신이 그 모든 것을 받아들이기에 당신의 마음은 아직 닫혀 있는 듯하다. 모든 것을 그대로 느낄 수는 없지만 항상 보는 방식에서 조금은 비켜난 시각으로 볼 수 있게 해줄 것이다. 신과의 대화능력을 가진다면 '나는 그대의 안에 있다. 길이 그대에게 있으리라'는 의미를 깨닫게 되리라 생각한다.

후손들을 위한 봉사심과 애국심을 가져라

세계와 조국에 대한 봉사심과 애국심을 가져라. 당신이 태어난 조국과 후손들을 위해 봉사의 마음을 가져야 한다. 세상을 살면서 감사하는 마음의 발로가 세상을 사랑하고 주변을 이해하고 적극 도와주는 것이다.

　자원봉사활동은 당신이 지존단계인 행복기에 수행해야 할 의무라 볼 수 있다. 권리가 있는 것에는 반드시 의무가 뒤따르기 마련이다. 미국의 고령시민헌장에서는 노인의 권리를 규정함과 동시에 그들이 수행해야 할 의무조항도 명문화하고 있는데 이를 열거해 보면 "노인은 가급적 자립생활을 유지하도록 노력해야 하고, 가정이나 사회를 위해서 사정이 허락하는 한 봉사해야 한다. 또한 자신이 지닌 경험이나 지식을 젊은 세대에게 전수할 책임을 져야 할 뿐 아니라 가정이나 사회에서 젊은이들로부터 존경을 받을 자세를 지녀야 한다." 등이 바로 그것으로 UN에서 채택된 노인인권헌장에도 이와 비슷한 조항을 두고 있다.

　한국의 노인복지법 제2조 1항에는 "노인은 후손의 교육과 국가 및 사회발전에 기여하여 온 자로서 존경받으며 건전하고 안정된

생활을 보장받는다.”는 권리조항이 있는 반면, 동법 제3항에는 “노인은 그가 소유하는 지식과 경험을 활용하여 사회발전에 기여하도록 노력하여야 한다.”라는 노력의무의 조항이 있다. 또한 1982년 전국의 노인대표자대회에서 채택한 노인강령에 담겨져 있는 내용들 역시 노인들이 실천해야 할 의무조항에 속한다고 볼 수 있다.

노인강령의 요지 중에는, “노인은 사회의 웃어른으로서 항상 젊은이들에게 솔선수범하는 자세를 지녀야 한다. 지난날 우리가 체험한 고귀한 경험, 업적, 그리고 민족의 얼을 후손에게 계승할 전수자로서의 사명을 다한다. 우리는 가정이나 사회에서 존경받는 노인이 되도록 노력한다. 우리는 청소년을 선도하고 젊은 세대에 봉사하며 사회정의 구현에 앞장선다.” 등 노인의 사회봉사를 의무로 규정하고 있음을 알 수 있다.

노인의 자원봉사활동은 노인의 사회참여와 바람직한 여가선용의 일환으로 오늘날 산업사회에서 노인문제 중의 하나가 되고 있는 역할상실에 슬기롭게 대처할 수 있게 한다. 노인은 다른 계층과 달리 정년이라는 사회적 제도로 인해 정년 이후의 뚜렷한 역할이 정해지지 않은 채 평생 가져왔던 직업으로부터 퇴직해야 하기 때문에 타의에 의해 여가를 강요받게 된다. 따라서 노인의 여가는 크게는 은퇴에서부터 죽음이라는 마지막 과업 사이의 긴 시간을 의미한다고 볼 수 있다. 또한 은퇴 후 노인들의 계속되는 사회생활 사이사이의 한가한 시간이라고 볼 수도 있다.

그런데 여가를 후자의 입장에서 보려면, 노인들에게 기대되는 사회활동과 역할들이 뚜렷이 정립되어 있어야 하는데 현실적으로는 그렇지 못한 형편이므로, 노후생활이란 바로 '여가투성이'라고 특징지을 수 있다. 즉, 노후생활이란 여가생활이고 여가생활은 곧 어떤 활동들을 어떻게 하며 소일을 하고 여생을 보내느냐 하는 데 초점이 모아진다고 하겠다. 전통사회에서 수행했던 노인의 역할을 오늘 이 사회에서 그대로 재현한다는 것은 거의 불가능한 일이며 산업사회에서 노인들이 가정적으로나 사회적으로 행할 수 있는 역할의 범위가 축소되는 것은 어쩔 수 없는 일이기도 하다.

따라서 우리는 시대의 흐름에 적응해서 오늘의 사회가 노인들에게 요구하는 새로운 역할을 찾아내는 노력이 있어야 한다. 이러한 노인의 역할은 가정과 지역사회에서의 것으로 나누어 볼 수 있는데 특히 노인들이 지역사회를 위해서 할 수 있는 역할은 청소년들을 대상으로 하는 선도사업, 전통문화의 계승발전과 관련된 사업 등 주로 사회봉사의 성격을 띠게 된다.

우리는 현재 21세기 초일류 산업기술시대에 살고 있다. 세계가 글로벌 화상통신에 의해서 실시간으로 우리 눈앞에 바로 연결되는 고도의 정보화시대를 살고 있다. 이제는 정보전달에 몇

달씩 걸리는 과거와는 전혀 다른 세상에 살고 있다.

역사학자나 사회학자는 이 시대를 인류가 이 지구상에 살기 시작한 이후 가장 변화의 속도가 빠른 시대라고 정의한다. 호랑이 등에 타서 세상을 살고 있다고 보면 된다. 호랑이는 변화와 혁신이다. 좋은 말로 개혁이다. 빨리 달리는 호랑이 등에서 떨어져도 죽고 호랑이를 잘못 부려도 호랑이 밥이 된다. 그것도 건강한 호랑이, 자신과 맞는 호랑이, 잘 길들어진 호랑이를 자신이 선택하든가, 아니면 호랑이가 선택해서 가는 어쩔 수 없는 도도한 역사의 흐름에 맡길 수밖에 없다.

우리나라는 광복 후 50년 만에 세계가 믿지 못할 정도의 눈부신 성장을 계속하여 2010년 현재 세계 11위의 경제강국이 되었다. 우리 민족이 한반도에 정착한 후 어느 시대와 비교해도 가장 강력한 군사력, 경제력, 철강·조선·IT 등 세계적으로 우수한 산업기술력, 교육능력을 가진 강국이 된 것이다. 현대사를 돌이켜 보면, 너무 빨리 세상이 바뀌다 보니 우리 스스로도 도저히 정신을 차릴 수 없이 숨 가쁘게 살아 왔다. 특히 미국의 최초 흑인 대통령인 오바마는 한국의 강력한 교육정책과 교사에 대한 훌륭한 업적을 공식석상에서 여러 번 칭찬을 한 바 있다.

우리 민족에겐 다른 나라에 비해 남다른 강점이 있다. 바로 애국심이다. 동양인의 대명사가 중국인에서 일본인으로 불릴 때 우리 한국사람은 그저 미소를 머금었다. 꼭 이웃 일본만이 아니었다. 우리가 왜 못 한단 말인가 하는, 강한 자기 자존심과 우리도 하면 된다는 강력한 자기암시가 있었다.

일본 경찰에 끌려가 모진 고문을 당했던 김구 선생은 그의 백범일지에 이렇게 기록하셨다. "몇 번이나 혼절하도록 매질하던 일경이 단순히 미워진 것이 아니라, 밤새워 취조하는 그 열의에 그만 부끄러워지는 마음을 감출 길이 없었노라."고 토로한 것이다. 나라 잃은 자들이 나라를 빼앗은 자들보다 더 열심을 내지 못하면 언제 나라를 되찾을 수 있을까, 백범은 죽도록 맞으면서도 오로지 그것을 걱정했다. 매가 아파서가 아니라 분발심이 뒤진다는 스스로의 자괴심 때문에 눈물을 흘렸던 백범 김구 선생이 진정한 애국심의 표시인 것이다.

국제기관의 조사마다 한민족의 애국심은 세계 으뜸권으로 나온다. "당신은 나라를 위해 싸울 용의가 있습니까?"라는 물음에 대다수 한국인들은 "그렇다."라고 응답한다는 것이다. 해방이 된 지 환갑이 지난 이 시기에 어느 정권이든 정파든 오늘날 우리나라의 위상을 세우기 위해 희생하신 모든 분들 특히 국가 유공자들을 안아야 하며 그 위상을 재정립해야 진정한 재도약이 되리라 본다. 당신도 이 대열에 들어가야 되지 않겠는가? 공은 없더라도 마음과 열의는 동등하게 열정을 다해야 한다.

모든 것에 항상 감사하라

우리는 감사할 것이 없어서 감사하지 못하는 것이 아니라 감사할 마음을 잃어버려서 감사하지 못하고 살아가고 있는 것은 아닌지 심각하게 생각해야 한다. 이 순간에도 숨 쉬고 있음을 감사해야 한다.

필요 이상의 것을 갖게 되면, 필요량만큼 갖지 못한 사람들과 그 남는 것을 함께 나누어야 할 도덕적인 책임감이 생긴다. 이것을 그대로 실천하면 세상사의 자연적 법칙대로 그 보상을 받게 될 것이다. 선행을 많이 베풀면 반드시 그 결과가 따른다. 남는 것을 다른 사람과 함께 나누면서 특히 열심히 노력하고, 성실하고, 우정을 나누는 사람은 혼자 그 남은 것을 다 차지하는 것보다 오히려 훨씬 빠르게 재산을 늘려줄 것이라고 확신할 때가 있다.

무엇이든 번창하기 위한 최선의 방법은 감사의 마음으로 함께 나누는 것이다. 쌓아두면 시기와 분노를 자아내지만, 함께 나누어 쓰면 그 소유의식은 훨씬 확장된다. 모든 부유한 이들이 이런 책임감을 자신의 역할로 생각한다면 가난과 고통, 아픔은 훨씬 줄어들 것이다. 혜택받은 이들의 고마움은 당신에게 행복한 만족으로 돌아온다.

종교를 가진 사람들은 기독교이든 아니든 자신의 신들에게 어려울 때일수록 감사기도를 드린다. "때때로 병들게 하심을 감사합니다."라는 기도는 인간의 약함을 깨닫게 해주시기 때문이다. 따라서 믿는 신의 소중함을 느끼게 해준다. 또한 가끔 "고독의 수렁에 내던져 주심도 감사합니다."라고 기도한다. 그것은 신과 가까워지는 기회이다. 일이 계획대로 안 되게 틀어주심도 감사하는 것은 나의 교만을 반성할 수 있기 때문이다. 또한 아들, 딸이 걱정거리가 되게 하시고 부모와 동기가 짐으로 느껴질 때도 있게 하심을 감사하는 것은 그래서 인간된 보람을 깨닫기 때문이다. 먹고사는 데 힘겹게 하심을 감사하는 것은 눈물로써 빵을 먹는 심정을 이해할 수 있기 때문이다.

불의와 허위가 득세하는 시대에 태어난 것을 감사하는 것은 하느님의 의가 분명히 드러나기 때문이다. 땀과 고생의 잔을 맛보게 하심을 감사하는 것은 주님의 사랑을 깨닫기 때문이며 감사할 수 있는 마음을 주심을 감사해야 한다. 당신도 설령 종교를 갖고 있지 않더라도 그 무엇인가에 감사해야 한다.

지금 우리 경제가 IMF 때보다 더 어렵다고 한다. 실제로 시장에서 장사를 하시는 분들의 얘기를 들어봐도, 식당 종업원들의 이야기를 들어보아도, 슈퍼에서 물건을 사보아도 모두들 하나같이 어렵다고 한다. 그러다 보니 매사에 불평불만만 하게 되고 감사하는 마음을 잃어버리기 쉽다. 그러나 이럴 때에 우리가 감사하는 마음조차 잃어버리면 더욱더 가난한 인생이 되고 만다. 그러므로 어려울수록 감사의 마음만은 잃지 말아야 한다.

'돈을 잃어버리는 것은 조금 잃는 것이고, 건강을 잃어버리는 것은 더 많은 것을 잃어버리는 것이다'라는 말이 있다. 그런데 건강을 잃어버리는 것보다 더 큰 손실이 마음에 감사를 잃어버리는 것이다. 왜냐하면 감사를 잃어버리는 것은 행복을 잃어버리는 것이기에 인생 전부를 다 잃어버리는 것과 같기 때문이다.

사람들이 매우 똑똑한 것 같으면서도 얼마나 어리석은가 하면 중요한 것을 잃어버릴 때보다 덜 중요한 것을 잃어버릴 때 더 크게 반응한다. 예를 들어 보면, 많은 사람들이 물질을 잃어버리는 것에는 굉장히 민감하게 반응한다. 그래서 잃어버리지 않으려고 단속을 하고, 잃어버리고 나면 속상해 하고 잃어버린 것을 꼭 찾고야 말겠다고 난리이다.

그러나 건강을 잃어버리는 것에는 그렇게 민감하지 못하다. 평소에 건강할 때는 괜찮겠지 하고 무리하게 일하고, 먹고, 마시고, 그러다가 그만 건강을 다시 찾을 수 없는 지경에까지 이르러서야 다시 찾을 수 없는 건강을 찾으려고 애를 쓴다. 그리고 그보다 더 큰 손실은 감사의 마음을 잃어버리는 것인데 이것은 잃어버리고도 잃어버린 줄을 전혀 알지도 못한다. 이뿐만 아니라 잃어버린 것으로 생각하지도 않는다는 것이다.

감사하는 마음에 행복이 깃든다. 바네트 기프슨(Barnett Gipson)의 저서 『행복한 하루(Happiness, Day and Night)』에서 "행운의 손바닥에 얼마나 많이 쥐게 되었느냐 하는 것은 그대의 행복과 아무런 관계가 없다. 그대의 마음속에 감사한 생각이 없으면 그대는 파멸의 노를 젓고 있는 것이다. 제발 부탁이니 다른 공부보다 먼저 감사할 줄 아는 방법을 배우라. 감사의 예술(fine art of gratitude)을 습득하고 깨달을 때 그대는 비로소 행복해진다."라고 진리를 설파하였다.

에필로그

　‘무엇을 위해 직업을 가지는가?’ 직업에 대한 가장 기초적인 질문이다. ‘왜 직업을 가지려 하는가?’ 생각이 많고, 배운 사람이라 한다면 ‘자아실현’이나 ‘공동체 사회 속의 구성원으로서의 역할’이라는 등의 개론적인 얘기를 할 수 있을 것이다. 하지만 직업이라는 굴레 속에서 극도의 스트레스를 받으며 생활하다 보니 현실은 그렇지 않다. 직업이란 보수형태가 유상이든 무상이든 당신의 삶 그 자체인 것이다.

　필자가 느끼기에 ‘사람들이 직업을 가지려는 이유’ 중 으뜸된 것은 호구지책(糊口之策)이라는 것이다. 호구지책의 관점을 오늘과 미래로 나누는 것, 이것이 과연 옳은 표현인지 모르겠지만 사람들이 직업을 가지는 이유는 오늘과 미래의 호구지책을 위해서라고 말해도 과언이 아니라는 것이다.

필자의 생각으론 호구지책에 대한 정신적 스트레스와 신체적 위험이 없다면, 현대병의 사망 상위순위에 드는 돌연사의 위험은 사라질 수 있다고 생각한다. 물론 직업을 가지고 관련된 일을 하면서 스트레스를 받지 않을 수 없지만, 스트레스에 대해 어느 정도 방관할 수만 있다면 그것을 피해갈 수 있을 것이다. 하지만 근본적인 문제, 직업이 호구지책과 관련된 것이라면, 스트레스를 방관만 할 수 있는 입장이 아니기 때문에 결국 극도의 한계상황에 도달할 수밖에 없는 것이며 이를 극복해야 하는 것이 순리이다.

사람은 직업이 없이 살아갈 수 없다. 입신단계로 시작하여 수련단계를 거쳐 완성의 지존단계까지 직업을 통해 일정한 부를 획득하고 그것을 통해 생존에 필요한 '의식주'를 제공받는다. 이것이 평생직업의 의미이자 현실이다. 또한 직업을 통해 미래를 위한 저축도 할 수 있다. 그 영향력은 지존단계의 행복기에서 절대적인 영향을 미치게 된다. 직업이 없다는 것은 이와 같은 활동을 하지 못하는, 최악의 경우 생존 자체가 위협받는 상황에 직면할 수도 있고 행복한 지존단계를 만들 수 없다. 또한 직업은 사회와 어울려 살기 위한 방편이기도 하다. 분업화된 현대사회 속에서 나의 직업은 누군가를 도와줄 수 있기도 하고 완제품을 조립하기 위한 부품역할을 담당하는 것이다. 따라서 직업은 나눔의 삶의 결과이자 목표이다.

필자는 직업을 가능한 긍정적인 관점과 평생직장의 관점에서 관찰하려 노력하였다. 사람을 보는 관점에도 성선설과 성악설이 있듯, 직업 또한 좋은 관점에서만 접근하는 것이 아니라 비판적인 관점에서 접근할 필요도 있다고 생각했기 때문이다. 하지만 결국은 평생직업의 관점에서 직업을 입신, 수련, 지존의 3단계로 구분하였고 기간별 개념을 도입하고 기간별 직업인으로서 하여야 할 일을 정립하였다. 삶은 단계인 것 같지만 결국은 순간 연속의 결과이다. 단지 기간개념으로 구분할 뿐이다. 기획에서 출판까지 수고해주신 한국학술정보(주) 출판사 식구들에게 감사를 드린다.

김양호 저,『자기 계발을 위한 135작전』, 비전코리아, 2003. 1.
데이비드 J. 리버만,『성공하려면 적과도 화해하라』, 베텔스만, 2004. 3.
명진출판사 경영연구팀 저,『개방화 시대의 자기 계발법 - 결단과 판단
　　　력에 대하여』, 명진출판, 1992. 5.
베르드 티키 퀴스텐 마허 외 1인,『급할수록 돌아가라』, 창작시대사,
　　　2003. 3.
우라베 구니요시 저,『리더십』, 집문당, 1991. 1.
쯔지가와 야스시 저,『성공하는 기업의 비결』, 삼한출판사, 1995. 1.
클레이카 저,『창의력 경영』, 21세기 북스, 1998. 11.
톰 피터즈 외 1인 저,『초우량 기업을 만드는 엑설런트 리더십』, 21세기
　　　북스, 1994. 6.
페기 지몬슨 저,『나의 몸값을 10배로 높이는 6가지 방법』, 거름, 2001. 9.
하비 머케이 저,『성공하는 사람, 번영하는 기업, 어디가 다른가』, 시사
　　　영어사, 1990. 5.

이한일

현재 베스트웨이 경영컨설팅(주) 대표이사로 재직하고 있다. 그는 중앙대학교 화학공학과를 졸업하였고 LG그룹의 모기업인 (주)LG생활건강 생활용품 사업부 개발부장 재직 중, 대학 졸업 시 세웠던 평생계획 실현의 일환으로 자기경영을 통한 자기성찰과 사회적 가치향상을 목적으로 중앙대학교 경영대학원에서 경영학 석사를, 일반대학원 경영학과에서 마케팅을 전공하여 경영학 박사학위를 받았다.

그는 대학을 졸업하고 무역업을 사업목표로 스톡세일을 하는 중소오퍼상에서 사회생활을 시작하였으나 중소기업에서 자기계발의 한계를 느끼고 (주)LG생활건강(입사 당시 (주)LG화학)에 입사하였고 대리 재직 시부터 신입사원들을 위한 선배와의 대화시간 등에 참여하여 올바른 직장관, 생활관 등을 위한 독특한 강의를 시작하였으며 회사 재직 중 훈련과 학습을 통하여 LG그룹 대인관계향상, 자기혁신과정 강사로 활약한 바 있다.

2004년 컨설팅 회사를 설립하여 대표컨설턴트로서 중견기업, 중소기업을 대상으로 사업전략, 마케팅, 유통 중심의 컨설팅 및 경영자문활동을 수행하고 있다.

그의 주요 저서로는 『라이프트렌드 마케팅』, 『경영과 마케팅』 등이 있으며 학술 및 학위논문으로서는 현업에서의 업무 경험을 바탕으로 「유통EDI 활용을 통한 기업경영개선의 실증적 연구」, 「매장에서의 매출향상을 위한 진열상품 선택모형」, 「제조업체의 파워원천이 영업정책을 이용한 대리점의 판매의지에 미치는 영향」, 「시장 선도업체의 이중브랜드 정책이 본제품의 재구매에 미치는 영향」 등 다수가 있다.

그는 중앙대학교 등 대학 및 대학원에서 외래교수, (주)LG개발동우회 회장, 한국강사협회 감사, 식품포럼 부회장, 한국유통학회 이사 등의 사회적 활동과 함께 중견기업, 중소기업의 기업자문 및 컨설팅을 수행하고 있으며 최근에는 소상공인, 시니어, 사회적 기업 등을 대상으로 하는 성공적인 창업과 시장 정착을 지원해주는 컨설턴트 및 자문위원으로 활동하고 있다.

평생직업을 위한
자기혁신경영

초 판 인 쇄 | 2007년 10월 30일
초 판 발 행 | 2007년 10월 30일
개정판발행 | 2011년 6월 3일

지 은 이 | 이한일
펴 낸 이 | 채종준
펴 낸 곳 | 한국학술정보㈜
주   소 | 경기도 파주시 교하읍 문발리 파주출판문화정보산업단지 513-5
전   화 | 031) 908-3181(대표)
팩   스 | 031) 908-3189
홈 페 이 지 | http://ebook.kstudy.com
E-mail | 출판사업부 publish@kstudy.com
등   록 | 제일산-115호(2000. 6. 19)

ISBN   978-89-268-2284-5 03320 (Paper Book)
         978-89-268-2285-2 08320 (e-Book)

이담 Books 는 한국학술정보(주)의 지식실용서 브랜드입니다.